나와 내가 나눈 이야기

프라기얀

모든 고통에서

진정한 자유를 찾는 이들에게

리탐빌

나와 내가 나눈 이야기는 명상 입문자에게는 방향을 제시하고 오랜 세월 명상을 경험한 자들에게는 역설적인 명상으로 눈을 뜨게 한다. 명상이 깊어지면 내면세계가 얼마나 무한하고 풍요로운지 놀라게 된다. 이와 같은 일을 지켜보고 주시하는 자가 있다.

가질 수도 내려놓을 수도 있으며 생각을 지켜보고 감정에 영향을 받지 않는다. 명상과 일상을 넘나들며 새로운 차원의 삶이 시작된다.

- 움직이는 명상 창안자 **리쉬** -

명상을 하다 보면 내가 의식적으로 깊어지고 성장하고 있다는 것을 감각을 통해 느낄 수 있을 때가 있습니다. 명상 중 붓다의 미소가 얼굴에 띠어질 때의 느낌, 온 몸이 웅웅거리며 내가 커지는 느낌, 내가 있긴 한데 이것이 내가 아닌 듯한 느낌을 경험할 때가 그런 예입니다.

그런 감각을 느끼고 나면 깨우치게 되는 것들이 있습니다. 그런데 그 깨우침이라는 것이 몸의 감각을 통해 온 날 것이라 머리에서 걸러져 나오는 말로 표현하자니 그 광활함을 다 담을 길이 없었습니다. 말로 표현하는 순간 내가 느낀 감각과 깨우침 들이 공기 중에 희석되어 그냥 퍼져버리고 흩어져 없어져버리는 듯합니다.

펴낸날 2023년 10월 17일 초판 1쇄 발행

발행처 리탐빌

발행인 서무태

표지디자인 엠그래픽스

인쇄 엠그래픽스

출판등록번호 제 2019-000066호

주소 서울시 용산구 회나무로 44길 2

전화 02 3448 9904

이메일 sunya@ritamville.com

풍요롭고 평화로운 이 명상의 감각. 명상을 통해서야만 느낄 수 있는 초월감. 그로부터 얻게 되는 자유로움. 나 없음.

프라기얀은 말로 표현하면 자칫 연기처럼 사라져 버릴 수 있는 명상의 감각과 명상을 통한 깨우침에 활자를 입혀 명상의 세계를 눈에 보이고 손에 잡힐 듯이 펼쳐 놓았습니다. 하지만 그것이 활자가 주는 의미에 제한되어 있지는 않습니다. 그야말로 초월입니다.

이 책을 읽으면서 자신의 감각에 집중해 보세요. 눈물이 날 수도 있고, 웃음이 날 수도 있고, 고개를 끄덕거릴 때도 있을 것이며, 읽기가 힘들어 잠시 쉬어야 할 때도 있을 것입니다. 그럴 때는 그 순간의 감각에 집중해 보세요. 잠시 책을 덮고 깊게 숨을 쉬어 보세요. 명상을 해 보세요.

내 안에 무엇이 있길래 내게 이런 신호를 보내고 있는 것일까. 이 신호의 의미는 무엇일까.

충분히 집중하다 보면 활자 하나하나에 응축되어 있는 프라기얀의 의식과 활자 사이사이를 헤엄치고 있는 믿음의 물고기의 안내를 받게 될 것입니다.

이 책을 통해 존재들이 깨어나길 기원합니다.

감사합니다. 사랑합니다.

- 나와 내가 나눈 이야기를 영문으로 번역한 **서향아** -

|목차|

1. 육체의 자유

2. 마음의 자유

3. 구함의 자유

4. 존재의 자유 I

5. 존재의 자유 II

1. 육체의 자유

이 고통 끝낼 수 있어

하… 하…

숨이 쉬어지지 않았다. 가슴에 큰 멍울이 있는 듯 꽉 막혔다. 머리가 아득하고 어지러웠다.

'이러다 죽겠구나, 죽음도 이보다 고통스럽진 않을 것이다….'

여느 때와 다름없는 평일 오전 11시였다. 오늘도 나는 몸이 까라지는 현상을 경험했다. 수년째 반복되어온 일이다. 아니, 평생을 그랬는지도 모르겠다. 어릴 때는 너무 힘들어서 몰랐다. 자라면서 점차 안정되며 삶이 나아지니, 비로소 내 상태가 느껴지기 시작했다.

도대체 이유가 뭘까. 나의 삶은 만족스러웠다. 토끼 같은 딸 하나 아들 하나를 낳았다. 사람들 왈, 딸이 첫째여서 100점이란다. 남편이 어려웠지만, 그마저도 잘 풀어냈다. 나는 힘든 가정환경에서 자라났다. 하지만 마치 보상이라도 받듯 우리 가족은 행복했다.

거기에 경제적 자유까지. 첫째 낳고 나도 남편도 일을 그만뒀을 때 뭐라도 붙잡는 심정으로 투자 공부를 시작했었다. 자가 아파트에 투자부동산, 거기에 주식과 암호화폐 자산도 든든했다. 나한테 이 정도면 되었다 싶을 정도의 재산을 일궜다. 한책협에서 책 쓰기를 배워 출판하고 강의를 하기도 했다. 내 삶은 만족스럽고 자유로웠다.

늘 컨디션이 나쁜 것은 아니었다. 아이들 등원하고 집에 혼자 남아 아침 햇볕 받으며 잠시 쉴 때는 온 세상이 내 것 같았다. 그런데 꼭 11시 즈음 되면 마녀타임이 시작되는 것이다. 정기검진을 해보아도 멀쩡하고, 나 스스로 삶을 돌아보아도 괜찮았다.

답을 알 수 없는 고통에 나는 사방팔방 다니며 수소문하기 시작했다. 영양제 먹고, 음식 조절했으며, 운동을 시작했다. 우울증? 조울증? 혹은 공황장애일지도 모른다고 생각했다. 하지만 막상 검사를 받으면 나는 스트레스 처리 능력이 높고 성격적 완성도가 높다는 이야기뿐이었다. 몸 건강하고 잠도 잘 잤다. '풍요 속 빈곤이 이런 건가? 풍요가 사라지면 빈곤이 느껴지지 않는 건가? 전에 힘들 땐 어떻게 살았더라?'

알 수 없는 허기짐에 찾다 찾다 나는 명상을 시작했다. 처음 명상을 접한 건 '경험수집잡화점'의 '5분 명상 모임'을 통해서였다. 그나마 잘 고른 처방인지 명상하는 시간은 살 것 같았다. 어느 날은 명상을 하다가 숨이 깊게 트였다. 마치 큰 숨이 내 몸을 관통하는 듯했다. 나도 모르게 눈물이 주르르 흘렀다. '나는 안전하다' 반복해서 되뇌었다. 내 깊은 곳에서 올라온 말이었다. '내가 안전하지 않은 건가? 행복한 지금의 나는 뭐지? 무엇이 나를 붙잡고 있지?'

나는 혼전임신 아기였다. 엄마 아빠는 나를 임신하여 어쩔 수 없이 결혼하셨다. 아빠가 자주 뒤엎은 밥상, 그리고 아빠에게 맞아 울던 엄마가 기억난다. 내가 초등학교 2학년 때 부모님은 결국 이혼하셨다. 이후 나와 동생은 친할머니 집에서 살게 되었다. 거기서 겪은 일들도 불행의 연속이었다. 겨우 독립해 살았지만 나는 이미 망가져 있었다. 약 10년간 알코올 중독에 클럽 죽순이었다. 독 빼내듯 원 없이 놀았다. 그런 중에도 매일 달 보며 빌던 내 꿈은 단 하나, '행복해지는 것'이었다.

이런 과거가 나를 붙잡고 있나? 도무지 알 수 없었다. 수많은 심리학책을 읽었다. 첫째 아이를 키우며 어마무시한 양의 육아서를 읽었다. 육아서를 읽으며 자연스럽게 심리학을 공부하게 되었다. 과거를 수없이 방문하고, 스스로를 자가 치유했다. 첫 아이를 임신할 때, 습관성 유산으로 수년간 약 6번의 실패를 경험했었다. 때문에 남편과 함께 심리 상담을 받기도 했다.

처음 상담받을 때 나는 큰아빠를 상상 속에서 실컷 두들겨 팼다. 어린 나를 세워놓고 이유 없이 비 오는 날 먼지 나도록 때리던 나쁜 인간. 처음 상담받을 당시 과거를 떠올리는 것만으로 약 2주간 위궤양을 앓았다. 그런 시간들을 거쳐 결국 과거는 잠잠해졌다. 내 내면의 아이로부터 '나는 괜찮으니 이제 가도 좋다'는 허락까지 받았었다.

명상이 깊어질수록 나는 천국을 경험했다. 어떤 날은 내 방광이 풀어지는 경험을 했다. 실제 물리적으로 명상을 하다가 방광이 느슨해지는 걸 느낀 것이다. 나는 오랜 기간 시시때때로 찾아오는 방광염으로 고생했었다. 관리하며 방광염은 괜찮아졌다. 그런데 과민성방광 증상이 남아 화장실을 자주 들락날락거렸다. 만성화된 부분이라 별 신경을 쓰지 않았는데, 이 경험으로 깜짝 놀랐다. 내장이 느껴질 정도로 이완될 수 있다니! 또한, 그때 알았다. 나는 괜찮은데, 혹은 괜찮은 줄 알았는데, 내 몸이 아직 긴장하고 있었구나.

그 이후로 나는 방광이 풀릴 때까지 명상을 하곤 했다. 그러다 보니 자연스레 명상 시간이 길어졌다. 늘 내 방광은 풀렸고, 오래 하다 보니 방광은 거의 풀려있는 상태로 유지되었다.

이처럼 명상의 효과는 탁월했다. 내 몸이 미처 닿지 못한 부분까지 명상의 숨결이 닿았다. 내 몸은 더 좋아지고 정신이 더욱 맑아졌다. 이렇게 천국을 경험하는데, 그래서 더 미치고 팔짝 뛸 노릇이었다.

명상을 하면 할수록 나는 더 조울증 증세처럼 변해갔다. 명상을 할 때는 천국에 있는 것 같다가, 그 마녀 시간만 되면, 나는 다시 미친년꽃다발이 되는 것이다. 지옥에 살 때는 지옥인 줄 몰랐다. 그런데 천국이 존재하니 지옥이라는 게 느껴졌다. 이 지옥에서 벗어나고 싶었다.

그러다 청강스님을 만났다. 당시 남산 대원정사 주지셨다. 대행스님의 정신을 이어 공심선원을 세우고 가르쳤다. 청강스님께 명상 지도자 과정을 배우고 집중 수련을 했다. 수련 마지막 날 다음과 같은 말이 들렸다.

'내가 너고 네가 나니 믿으면 증명될 것이다.'

무조건 이 길을 따라 가봐야겠다는 생각이 들었다. 어쩌면 거기서 내 컨디션 기복의 답을 찾을지 몰라. 뭔가 답이 있을 거야. 이 모든 고통을 끝낼 수 있어.

드디어 찾은 야구공

나는 〈더 시크릿〉 책을 읽고 끌어당김 테스트를 처음 해보았다. 가볍지만 흔치 않은 걸 골랐다. 고민 끝에 노란 풍선이 떠올랐고, 이를 구체적으로 상상했다. 며칠이 지나도 노란풍선은 나타나지 않았다. 잊고 있던 어느 날 밤 첫째가 책을 읽어달라고 가져왔다.

그 책을 펼쳐 읽는데, 노란 풍선이 떡 하니 있었다. 보통 책에 빨간 풍선은 자주 나오는데, 노란 풍선은 찾기 어렵다. 내가 끌어당김을 한 지 약 일주일이 지난 뒤였다. 놀라서 호들갑 떨며 사진을 찍었다. 경험과 감정을 마음속에 간직했다. 이후 나는 지속해서 크고 작은 끌어당김 테스트를 했다.

네빌고다드의 유명한 사다리 실험[1]도 결국 성공했다. 그렇게 자신감이 들 때쯤 나는 야구공을 끌어당겼다.

명상 속에서 양 손에 각각 다른 공을 잡고 느꼈다. 테니스공에 야구공을 비교하여 야구공이 어떤지 구체적으로 상상하는 것이었다. 꾹 쥐고 놓았다. 촉감을 느꼈다. 크기도 비교했다. 던져보기도 했다. 그렇게 끌어당김 심상화를 하고 한참이 흘렀다. 일주일이 지났다. 그리고 한 달이 지났다. 야구공은 여전히 보이지 않았다. 떠오를 때마다 다시 심상화를 했다.

'왜 이렇게 야구공이 안 나타나지? 분명 다른 건 잘 되었는데….'

그렇게 몇 개월이 지났다. 나는 거의 까먹고 있었다. 그즈음 집에서 가까운 명상 요가 센터에 등록했다. 원래 청강 스님께 배우고 있었는데, 수업이 마침 끝났다. 스님이 어떤 일이 생겨 계시던 절에

---

1) 네빌고다드는 종종 사다리 심상화 실험을 권유하고 이를 통과한 이들을 다음 강의에 초대하였다. 사다리 심상화 실험에서 사람들은 "나는 사다리에 오르지 않을 거야"라고 수없이 다짐하지만, 결국 사다리에 오르게 된다.

서 그만두고 거처를 옮기게 된 것이다. 갈 곳을 잃은 나는 어느 날 남산 하얏트호텔 앞을 지나다가 한 장소가 유독 눈에 크게 띄었다. 호텔 앞 고급건물을 개조한 센터에 '리탐빌'이라는 간판이 붙어있었다.

리탐빌 센터에 들어가 둘러보다 슈퍼소울릴레이 행사를 개최한 곳이라는 걸 알았다. 의식을 깨우는 지구촌 힐링 프로그램으로 기억하고 있다. 디팍 초프라와 마이클 버나드 벡위스, 케롤라인 메이스 등 의식을 일깨우는 명사들이 함께한 사진을 물끄러미 바라보았다. 이후 상담이 진행되었고, 고요하고 평화로운 기분이 들었다. 바로 등록해 수련을 시작했다.

처음 리쉬 원장을 만났다. 그녀는 보이쉬한 짧은 머리에 온화하게 웃는 표정이었다. 진동이 느껴지는 감미롭고 낮은 목소리가 인상적이었다. 하얀 머리카락과 대조되는 주름 없이 맑은 피부에 나이를 가늠할 수 없었다. 그녀는 따뜻한 손으로 내 몸을 구석구석 점검해 주었다. 내 몸 각 부위 그리고 내장 상태까지도 손으로 짚어 안내했다.

"몸은 살아온 역사를 기억합니다."

리쉬 원장은 마음의 오래된 기억들이 장기와 세포조직에 역사처럼 기록되어 있다고 말했다. 나는 내 삶이 모두 좋아졌고 의식적으로도 충만하다고 이야기했다. 그런데 이상하게 컨디션 기복이 심하다고, 그 정도가 심한데 의학적으로는 답을 찾을 수 없다 말했다. 그녀는 내 지난 많은 이야기를 듣더니 가슴 에너지가 활성화되었다고 했다. 그 아래 신장과 대장에 기억이 남아 있다고 조언해 주었다. 모두 좋아질 수 있다고, 긍정 확언 같은 내가 듣고 싶던 말을 해주었다. 단호하고 확신에 찬 목소리였다.

요가하며 명상하다 어느 날 지도자와 이야기를 나누게 되었다. 요즘 어떠냐는 질문이었다. 아이들과 여행 가기로 약속했는데, 다녀오지 못해 고민하고 있다고 이야기했다. 당시 여름방학이 끝나가고 있었다. 그런데 지도자가 마침 여행에 관한 이야기라고 하였다. '로움 리트릿' 여행을 안내해주었다. 제주도로 떠나는 명상 여행이었다. 엄마는 집중해서 명상과 요가 수련하고, 아이들은 키즈 프로그램에 참여하면 되었다. 가고 싶은데 과연 엄마 껌딱지 5살 둘째 아이가 버틸 수 있을지 고민되었다.

고민을 안고 운전하며 생각하는데, 저 멀리 'BOOK'이라는 책방 간판이 보였다. [2]Book…, 예약하라는 건가? 나는 원래 운전하며 길만 보기 때문에 간판을 신경 쓰지 않는데, 유독 또렷이 보이는 것이 이상했다. 고민에 고민을 거듭하다 후기를 읽어봐야겠다는 생각이 들었다.

인스타에서 후기를 읽었다. 손가락으로 사진을 스크롤하며 쭉쭉 내리다가 갑자기 내 눈이 번뜩 뜨였다. 야구공 사진이었다.

"아, 야구공!"

내가 찾던 바로 그 야구공이었다. 끌어당김하고 몇 개월 동안 그 어떤 사인도 보이지 않던 야구공! 다 되는데 유독 안 되던 그것. 그걸 여기서 찾다니. 놀라움에 심장이 두근거렸다. 나 스스로에게 증거를 남기려고 스샷을 했다. 이때 사진에 적혀 있는 문구가 보였다. "용기 있게 자신을 파괴하라. 내려놓는다는 것" 아래 박찬호 선수의 사진과

---

2) book은 동사로 '예약하다' 명사로는 '책'을 말한다

이름 석 자가 적혀 있었다.

"하, 문구도 어쩜……. 용기 있게 자신을 파괴하고…, 내려놓으라는 거지."

나는 바로 등록하겠다고 센터에 전화를 했다. 이보다 강력한 사인은 없었다. 전화를 걸면서 머릿속으로 수많은 생각들이 떠올랐다. 어떻게 돈을 조달해서, 카드로 얼마 긁고, 남편한테는 어떻게 이야기하고, 일은 이렇게 정리해서 다녀오고……. 급한 추진에 아이들까지 데려가려니 조금 부담이 되었다. 하지만 무엇도 내 야구공을 만나려는 여정을 막을 수 없었다.

난 다시는 안 태어나고 싶어

'못한다는 건 결국 할 마음이 없다는 얘기인가 봐.'

　박찬호 선수의 야구공 사진 문구대로 '용기 있게 자신을 파괴하여' 여행을 추진하고, 돈을 조달하고, 할 일들을 전부 정리하는 나 자신에게 이야기했다. 마음을 정하니 일사천리로 진행되었다. 가장 큰 관문인 남편 설득도 어떻게 되었다. 아이들은 엄마와 제주도 여행을 떠난다는 이야기에 마냥 신났다. 둘째 아이가 잘 버틸까 여전히 염려되었지만 그마저도 '내려놓았다.' 내가 진정 하고자 하면 어떻게든 된다는 걸 다시금 느꼈다. 문득 예전 남편과의 대화가 떠올랐다.

　나 : 자기는 다시 태어나고 싶어?

어느 날 남편에게 물은 말. 남편은 생각도 하지 않고 대답했다.

남편 : 그럼, 당연하지.

나는 이번 생을 마치고 꼭 지구별을 떠나겠다는 꿈이 있었다. 삶이 너무 고통스러웠다. 세상을 이해할 수 없었다. 왜 착한 사람은 더 불행하고, 왜 자기만 아는 이기적인 사람은 더더 잘 살까. 왜 나는 아무 잘못을 안 했는데 이렇게 살아야 했을까. 답을 알고 싶어 계속 공부를 했다.

중학교 때, 나는 마포구 공덕동에 위치한 교회에 다녔다. 3년간 성가대 알토 파트를 담당했다. 임원이 되어 앞에서 율동 진행을 하기도 했다. 사실 처음 교회에 간 것은 부활절에 나누어 주던 삶은 계란 때문이었다. 진입 동기는 불순했지만, 나는 나름 열심이었다.

그러거나 말거나 힘들던 내 삶은 더욱 미궁으로 빠져들었다. 지옥같은 학대를 견딜 수 없었다. 사춘기에 접어들며 나는 형편없이 추락했다. 사람들과 대화하는 것조차 힘들었다. 거듭되는 기도는 갈 곳을 잃었다. 주님만 외치던 고모가 종종 떠올랐다.

독실한 신자인 고모네 집에는 나보다 한 살 많은 오빠와 나보다 두 살 어린 사촌 여동생이 있었다. 느지막한 나이에 어린아이들 양육이 힘들었던 할머니는 방학 때마다 우리 남매를 고모네 집에 보내곤 했다. 사촌들은 종종 나를 방에 가둬놓고 왕따놀이를 했다. 멋모르는 내 동생도 가담했다.

사촌 동생과 귤을 팔자며 가위로 귤껍질을 통에 담아 자르다 실수로 아이의 손에 상처를 냈던 때가 기억난다. 손가락에서 빨간 피가 뚝뚝 미처 다 잠그지 못한 수도꼭지의 물처럼 빠른 속도로 떨어졌다. 이때 달려와 나를 벌레 보듯 보던 고모의 눈빛. 사실 고모는 늘 그런 눈빛으로 나를 바라봤었다.

"신은 없어."

답을 찾아 헤매던 사춘기의 나는 결국 길을 잃고 말았다. 내 눈에서 눈물이 그날의 빨간 피처럼 뚝뚝뚝 떨어졌다. 어떤 누구도 내 질문에 답할 수 없었다. 신도 나를 져버렸는지 내 삶은 더욱 피폐해졌다.

　10년간 미친 듯 춤추고 술 먹다 정신을 차리고 보니, 나는 어느덧 20대 후반이었다. 술 취해 계단에서 굴러 찢어져 꿰매는 건 일상다반사, 그 와중에 돈벌이가 잘 된 적도 있었다. 사실 일주일에 4일 이상 술을 마셨으니, 매일 취해 살았던 것 같다. 기적적으로 결혼하고 아이를 낳았다. 애가 나처럼 될까봐 두려웠다. 이때부터 심리학을 파고들고 의식 공부를 하면서 많은 것들이 이해되었다.

　세상 많은 것은 돌고 돌았다. 예전에는 착한 사람이 영웅처럼 등장해 악한 사람을 응징하는 권선징악적 이야기가 많았다. 하지만 이제는 그 악한 사람의 슬픈 어린 시절이 영화 속 한 장면으로 등장한다. 이 모든 상황의 책임은 누가 져야 하는 걸까. 고모는 딸이라고, 큰아빠는 왼손잡이라고 미움받았다. 어린 나한테 그렇게 행동한 인간들, 차라리 편하게 미워할 수 있으면 얼마나 좋을까.

　많은 것들이 이해되었지만, 한편 내 마음속에는 늘 커다란 질문이 남아 있었다. "왜, 대체 왜, 내가 굳이 그런 일까지 겪어야 했지?" 그냥 내 인생이 통으로 저주스러웠다. "굳이 태어나지 않아도 좋았잖아." 존재에 다 이유가 있다지만, 나는 여전히 그 이유를 알 수 없었다. 어렸을 때 어디서 사주를 보고 온 할머니의 말대로, 엄마 아빠 이혼하라고 그런 사주를 가진 내가 태어나 저주를 퍼부은 건가? 이런 해소되지 않은 의문이 내 컨디션 기복을 만드는 걸까?

로움리트릿에서의 제주도는 아름다웠다. 바람을 느끼고 바다 물결이 되며, 명상은 더욱 깊어졌다. 거기서 나는 내 남은 독을 빼내듯 수련에 집중했다. 아이들은 키즈 프로그램에 잘 참여했다. 아이들의 명상은 또 달라서 10초만 들어갔다 나와도 놀라운 말들을 쏟아내곤 했다. 오히려 엄마는 찾지도 않아 걱정했던 나 자신이 민망할 정도였다.

나는 거기서 순야 서무태 마스터를 만났다. 첫 만남에 그는 미소를 짓고 있었다. 머리는 짧고 곱슬기가 있으며, 까만 뿔테 안경을 썼다. 코와 턱에 자연스러운 수염이 있었는데, 미소가 더욱 강조되어 보였다. 때로 쓰는 부드러운 질감의 모자가 잘 어울린다고 생각했다. 거의 말수가 없었고, 가만 보면 눈이 반짝반짝 빛나고 있었다. 말은 유쾌하고 가벼웠으며, 이상한 '존재감' 같은 것이 느껴졌다.

로움리트릿 과정 중, 마스터가 MLB 박찬호 선수의 오랜 명상 코치였다는 걸 알게 되었다. '그래서 리탐빌에 박찬호 사진이 있었구나.' 그는 가까이에서 지켜본 박찬호 선수와 명상에 대한 아름다운 일화를 들려주었다.

메이저리그에서 박찬호 선수는 명상을 통해 의식적으로 성장하고 건강을 되찾았다. 당시 박찬호 선수는 자신의 사인을 받기 위해 줄을 서 있는 팬들을 만났다. 그중 한 유학생이 타지에서의 선수 생활이 힘들지 않은지 질문했다. 박찬호 선수는 그에게 명상과 영혼에 대한 이야기를 시작했다. 명상하는 방법과 가치를 열정적으로 나누다 뒤에서 기다리고 서 있던 팬들이 지루함을 느껴 오늘날 그 유명한 [3]TMT가 되었다.

명상과 야구공이 나를 이리로 데려온 데는 이유가 있겠구나, 나는 '축복'이라는 단어 하나를 붙잡고 수련에 임했다. 여태 어떻게 해도 안 됐으니 기적밖에는 답이 없다는 나의 판단이었다.

---

3) TMT : 투머치 토커의 줄임말(Too Much Talker)너무 말이 많은 사람을 뜻하는 신조어

'나의 컨디션 기복을 여기서 해결할 수 있을지도 몰라. 죽도록 고통스러운 날들도 이제는 끝내고 싶어. 아니, 이젠 끝이야.'

나 : 자기야, 난 다시는 안 태어나고 싶어.

당연히 다시 태어난다는 남편의 대답에 내가 한 말.

나 : 자기는 그래도 인생이 즐거웠나 봐. 나는 전혀 그렇지 않은데….

이렇게 이야기하며 멋쩍게 웃었던 기억이 났다. 그 장면을 떠올리며 제주도에서 나는 온몸이 부서지도록 열정을 다했다. 어떤 때는 엎드려 쓰러져 엉엉 울기도 했다. 리쉬 원장이 진행하는 움직이는 명상을 통해 고정된 명상자세를 버리며 몸과 마음이 가벼워졌다. 어둠 속에서 변화의 빛이 보이기 시작하며 자각이 있었다. '아, 나의 존재는 빛이구나.' 하지만 내 가슴에 커다란 응어리가 있었다. 커다랗고 커다란 돌덩이가 꽉 들어 막혀 아무리 울어도 빠져나오지 않았다.

컨디션 기복이 나를 건강하게 하잖아

"정말 괜찮겠어?"

내가 조금 더 활기차게 움직일 수 있으면 모두에게 이롭다, 나는 최상의 컨디션이 유지되어야 마땅하다. 명상에서 절정의 상태에 도달했을 때 온전함을 느꼈다. 이제 더 이상 컨디션 기복은 없다는 확신이 들 찰나, 내 마음속에서 이런 말이 올라왔다.

소스라치게 놀랐다. 정말 괜찮겠다니, 대체 무슨 말인가. 전혀 예상치 못한 질문이었다. 나 자신이 이런 생각을 하고 있었다는 것에 놀랐다. 평소 자각하지 못했다. 뭔가 걸림돌이 있는 듯했다. 내 마음을 가만히 들여다보았다.

명상 상태를 하루 종일 이어가고자 했다. 최상의 컨디션이 평균이 되길 바랐다. 꾸준히 심상화했다. 컨디션 기복 없는 온전한 나의 모습을 상상했다. 나에게 높은 컨디션이 유지되는 것이 당연하다는 생각이 들었다. 왜냐면 그게 나에게도, 가족에게도, 나아가 인류에게도 행복한 것이기 때문이었다.

"건강한 상태가 계속 유지되어도 괜찮겠어? 컨디션 기복이 나를 건강하게 하잖아."

소름 끼치는 말이 이어 나왔다. 내가 나를 붙잡고 있었다니. 깊고 깊게 자세히 들어가 보았다. 나에겐 두려움이 있었다. 아빠는 평소 운동을 많이 하고 건강했다. 그런데 갑자기 암 진단을 받았다. 아빠는 대한민국의 수영 영웅으로 유명한 '아시아의 물개' 故 조오련 선수가 심장마비로 죽은 예를 들어 이야기했다. 그렇게 멀쩡하던 사람도 갑작스레 죽을 수 있다는 것이었다. 나는 그 말을 듣고 건강한 사람은 스스로 건강한 줄 알기에, 오히려 관리를 안 해 몸이 둔감해진다는 생각이 들었다. 그래서였을까. 나는 내 컨디션 기복에 타협을 한 것이었다. 일부러 컨디션 기복을 만든 건 아니었지만.

'늘 건강한 상태는 뭔가 위험할지도 몰라. 차라리 완전치 못함으로 나는 평소 건강을 관리할 수 있을 거야. 가끔 정기검진도 받고 영양제도 먹을 수 있는 동력이 될 거야. 나의 컨디션 기복은 이대로도 괜찮아.'

나는 나의 상태에 타협하고 그것을 정당화했다. 두려움이 있었다. 갑자기 죽을지도 모른다는 두려움. 준비하지 못하고 떠날까 봐 무서웠다. 초롱초롱한 눈망울의 내 아이들. 엄마 없으면 어찌 살까? 과거에서 비롯된 아픔이 나를 잡았다. 이를 알아차리고 나는 이것을 떼어 내려 했다. 명상은 계속되었다.

내 꽉 막힌 가슴 속 돌덩이에 내가 그렇게 간절히 외치던 '축복'이 빛을 비춘 것일까. 로움리트릿을 다녀와 나는 내 컨디션 기복이 많이 좋아진 것을 느꼈다. 이미 장치가 되어 있었다. 나는 마녀시간이 시작되는 11시쯤 센터 수련을 하러 갔다. 밖에 있으면 오히려 에너지가 샘솟는 기분이었다. 어쩌면 오전에는 밖에 다니라는 뜻일지도 모른다고 받아들이게 되었다.

그러다 어느 날은 나가는 걸 놓치고 집에 있는 경우가 있었다. 아이들 등원하고 집에서 준비하며 잠깐 일을 보는데, 시간이 늦어지는 때였다. 특히 운영하는 모임에서 종종 온라인 줌 미팅을 진행할 때는 오전 내내 집에 있기도 했다. 이때마다 다시 컨디션이 떨어지나 보았다. 여전히 심장 박동이 빨라졌다. 예전만큼 호흡이 어려운 정도는 아니었다.

어쩌면 사무실을 얻으면 괜찮을지도 모른다는 생각이 들었다. 집에 있는 것이 힘들기 때문이었다. 집 근처에 있어 5분~10분 내 출퇴근이 가능하고, 햇빛이 많이 들어오며, 월세를 지불하기보다는 내가 소유하고 싶었다. 그래서 사무실을 알아보는데, 마땅히 눈에 들어오는 물건이 없었다. 고민 끝에 공유오피스를 결제하여 써 보았다. 근처 도서관을 이용하기도 했다. 유목민 같았지만, 이 세상 모든 곳이 내 사무실이라 생각하니 마음이 편해졌다.

컨디션이 조절되고 몸이 나아져 나는 새로운 행보를 시작했다. 모임에서 새벽 명상을 시작한 것이다. 사람들의 반응이 좋았다. 나만 그런 게 아니었다. 사람들도 크고 작지만 다들 고통이 있고, 답을 찾고 있었다. 그와 연관해서 내 경험과 의식 공부를 나누기 시작했다.

센터에서 수련을 하던 어느 날 '다 이뤘구나.' 라는 생각이 들며 눈물이 났다. 어떤 날은 수련 공간에 천사들이 날아다니는 것이 명상 속에서 보였다. 이런 경험을 이야기하니 지도자가 의식 최고위과정인 '아나타[4]명상과정'을 수료하면 도움이 될 것이라고 안내해 주었다.

이때부터 또 사인이 시작되었다. 연이은 결제에 자금 압박이 있었기에 이번엔 정말 큰 고민을 했다. 우주에 직접 물어보기로 했다. '내가 만약 이 프로그램에 등록해야 하면 오늘 안으로 O 두 개를 연이어 본다.' 이렇게 생각하고 소변이 마려워 화장실에 갔는데, 화장실 수건걸이에 걸어둔 장난감 망이 보였다. 그 안에 숫자 0과 알파벳 O 퍼즐이 있었다. 5분도 되지 않아 답변이 오다니.

놀라서 이번엔 "그럼 정말 내가 등록해야 하면 오늘 안으로 A를 보여줘."라고 주문했다. 그 프로그램 이름이 '아나타' 과정이기 때문에

---

4) 아나타[빠알리어 anatta]는 '무아' 즉 '내세울 내가 없는, 실체가 없다'는 뜻

앞 알파벳을 떠올린 것이다. 잠시 후 거실 매트에서 알파벳 A가 눈에 띄었다. 아, 매트에 알파벳이 있었지. 평소 신경 쓰지 않아 아예 잊고 있던 매트 무늬였다. 하루 두 번 연이어 답을 본 터라 더 이상 질문은 무의미했다. 야구공 찾았을 때가 떠올랐다.

나 : 그냥 밀어붙여. 어떻게든 되겠지.

또 다른 나 : 어떻게 하려 그래. 남편한테 뭐라고 얘기해. 지금 자산시장이 안 좋잖아. 다 바닥인데 이번엔 뭐 깨고 돈 마련할 거야. 무리야, 무리.

사실 나는 알고 있었다. '그럼에도 불구하고' 그냥 밀어붙이면 어떻게든 될 거라는 걸. 고민하다 순야 마스터의 마의존 특강을 들었다. 특강에서 그는 참가자들에게 마음이 어디 있느냐고 물었다. 어디에 있는지도 보이지도 않는 마음은 허상임을 알려주었다. 그리고 그는 앉아 있던 의자를 들고 걸으며 물었다.

순야 마스터 : 이 의자가 무거워 보이나요, 가벼워 보이나요?

참가자 : 하하, 무거워 보여요.

순야 마스터 : 그렇다면 마음도 이렇게 내려놓으면 돼요.

이어 끌어당김 법칙에 대한 질문이 있었다. 순야 마스터는 끌어당김 법칙은 반복적 생각이 아닌 의식 상태라고 말했다. 그는 2017년 슈퍼소울릴레이에 참여했던 〈더 시크릿〉 멘토 마이클 버나드 벡위스를 소개했다.

마이클 버나드 벡위스는 종교를 초월한 목사이며 명상가이다. 벡위스는 우리가 신과 분리되지 않고 연결되어 있다고 말하며, 2019년 LA베버리힐스 아가페 인터네셔널 스피리추얼센터에서 목사 설교 전 명상을 했다. 마스터는 아가페 센터가 신도들과 함께 춤추며 명상하고 삶을 즐기는 아름다운 센터라고 소개했다.

이러한 설명을 듣고 이어 진행한 명상에서, 늘 변하고 유랑하는 마음의 속삭임 뒤 진정함의 욕구가 보였다. 결국, 남편한테 아나타 과정에 참석하겠다고 말했다. 그의 한숨이 시작되었다.

남편 : 명상해서 뭐 먹고 살려고 그래? 맨날 일만 벌이잖아. 돈은 어떻게 할 건데?

일만 벌인다는 말에는 동의하지 않았지만, 남편의 말도 일정 부분 틀리지 않았다.

내가 이렇고 이런 사인을 봤다니 더 기가 막힌 표정이었다. 앞으로 이런 계획이며, 돈은 이 부분을 줄이고, 나머지는 내가 어떻게 마련해서 할 테니 걱정하지 말라고 이야기했다. 남편을 배려하여 최대한 이성적으로 납득할 수 있게끔 시나리오를 펼쳤다. 어쩌면 내 에고를 설득하는 거였는지도 모르겠다. 뭐가 되었든 나는 아나타 과정을 듣고, 어차피 여기서 계속 배울 거면, 마스터를 만나야 한다는 생각이 들었다.

마스터와의 일대일 코칭을 신청했다. 과정 등록도 고민했는데, 일대일 코칭을 신청하는 건 내게 과감하고 큰 용기였다. 내 가슴속의 응어리가 에너지가 되어 마구 돌고 있었다.

명상 여행의 시작

　마스터와의 첫 명상시간. 나는 두근거리는 그리고 낯선 마음을 부여잡고 깨달음의 공간이라는 순야룸으로 향했다. 문을 열고 들어갔는데 아무도 없었다. 둘러보니 커다란 자수정 원석이 반짝였다. 마스터가 앉을 거라고 예상되는 자리에 조명이 있었고 스카프 같은 천이 덮여있었다. 바닥에 방석이 보였다. 지도자의 안내에 따라 나는 거기서 [5]리나 절 체조를 시작했다. 배운 대로 '하늘명상, 하늘사랑, 하늘마음, 감사, 용서, 존중, 평화' 이렇게 [6]만트라를 읊으며 리나를 했다. 숫자도 세지 않고 반복하다 '감사'의 '감'을 말할 때 순야 마스터가 들어왔다.

---

5) 리나 : 리탐 나마스카라의 줄임말, 경배자세
6) 만트라 : 자주 반복해서 끊임없는 잡념과 소음에서 벗어나는 소리나 말

"안녕하세요?"

어색한 인사가 튀어나왔다. 마스터는 웃음으로 나를 맞았다. 서로 자리에 앉아 간단한 몇 마디 후 그냥 가만히 쳐다보았다. 이윽고 나는 요람명상을 통해 바람에 흔들리는 갈대가 되었다. 척추 마디마디가 이완되고 바람이 몸을 통과하는 게 느껴졌다.

episode 1. 나는 선택하는 자다

수많은 세상의 것들이 보였다. 스치듯 보는데 유난히 녹색이 많이 눈에 띄었다. 어떤 아이가 녹색 공을 펌프질하는 통에 넣어 퉁퉁 튕기며 놀고 있었다. 곁에서 가만히 보다가 하나가 굴러가기에 쫓아갔다. 잡으려다 놓쳤다. 또 잡으려는데 데굴 굴러갔다. 다시 잡으니 튕

겨 나갔다. 이렇게 계속 놓치다 공이 누군가에게 굴러갔다. 그가 공을 잡아 나에게 주었다. 고개를 들어 가만 얼굴을 보니 순야 마스터였다. 마스터가 나를 안내해주듯 방향을 가리켰다. 그 방향을 따라 움직이는 순간 앞서가던 마스터의 형체가 사라지며, 나와 마스터는 하나의 에너지체가 되었다.

나무줄기 같은 것이 하늘로 높이 솟아올라 끝이 보이지 않았다. 몸이 붕 떠올라 그걸 타고 올라가기 시작했다. 별로 힘들지 않았다. 훨훨 날아 점프하듯이 나무를 따라 쭉쭉 올라갔다. 하늘을 넘어 우주가 나왔다. 그래도 끝이 없이 계속 올라갔다. 끝없이 가다가 빛이 보였다. 나무줄기를 따라 그 빛으로 쑥 들어갔다. 마치 우주의 끝처럼 느껴졌다. 거기 들어간 순간 나는 사라져 없었다. 그렇게 빨려 들여진 채 쭉 긴 터널을 지나 하나의 물방울이 되어 '똑~' 하고 물 위에 떨어졌다.

물이 콸콸 나오는 샘물이 있었다. 빛이 나며 끝없이 흘러나오는 신성한 물이었다. 마셔보니 너무 달았다. 물이 나오는 곳 아래 병들이 있었다. 내가 가르치는 사람들이었다. 그 병들이 물의 샤워를 받아 이리저리 움직였다. 병 하나씩 뚜껑을 열어 물을 가득 찰랑거릴 정도로 담았다. 그러다 그 사람들이 병이 아닌 실제 모습으로 보였다. 서로 물을 마셨다. 웃으며 맛있다고 말했다. 사람들이 늘어났다. 계속 와서 물을 마셨다. 물은 마셔도 마셔도 멈추지 않고 계속 흘러나왔다. 사람들이 점점 더 많아졌다. 나는 그러거나 말거나 물을 음미했다. 그 물은 물줄기가 되어 강이 되고 바다를 이루었다.

길을 따라가다 책들이 보였다. 〈리얼리티 트랜서핑〉 같은 의식 책들이었다. 그 위에 내가 쓴 책도 있었다. 책들이 포개져 빛이 났다. 책 옆에 손을 쏙 집어넣었는데 어떤 둥그렇고 딱딱한 돌이 잡혔다. 꺼내서 보았더니 투명한 돌 안에 '사랑'이라고 쓰여 있었다. 그 돌을 가져다 내가 뭔가를 쓰려고 꺼내놓은 빈 종이 옆에 심었다.

그러다 문득 보니 가족과 함께였다. 가족과 꼭 붙들고 서 있었다. 배경이 계속 바뀌었다. 히말라야 산 정상에 올라가 있고, 남산 위에 올라가 있고, 외국 도시 위에도 있었다. 모든 건 계속 바뀌지만, 우리 가족은 함께 그대로였다. 우리는 서로에게 중요한 존재이자 동반자로 함께한다는 생각이 들었다.

　장면이 바뀌었다. 이번엔 나에 대한 자각이 굉장히 강했다. 평소에는 나, 너 등 개개인이 다 중요하게 느껴지는데, 이 명상 속에서는 나에 대한 자각이 너무 강했다. 내가 모든 것의 결정권과 영향력을 가지고 있었다. 내가 이리 움직이면 세상이 이리 움직이고, 저리 움직이면 저리 움직였다. 손짓, 발짓 하나에도 공기가 파동이 되어 세상에 영향을 끼쳤다. 마치 영화 속 주인공이 된 듯 카메라 앵글이 나를 따라다니는 느낌이었다. 나는 나만의 영화를 찍었다.

그러다 어떤 손을 만났다. 살아있는 손이었는데 말도 했다. 어떤 선물박스를 들고 있었다. 그걸 열어보자 커다란 주사위가 나왔다. 주사위를 굴려 랜덤으로 번호가 나오는 것이 아닌, 내가 마음대로 고르면 되었다. 선택했을 때 뭐가 나올지 미리 볼 수 있었다. 각 번호마다 어떤 인생이 펼쳐질지 큐브 안에 나타났다. 내가 선택하면 뭐든지 그렇게 되는 것이라고 손이 설명해주었다. 이런 손의 설명을 들으면서 '나는 선택하는 자'라는 자각이 있었다. 그 메시지가 메아리처럼 울렸다. 순간 육체에서 "신은 창조하는 자가 아닌가? 창조와 선택하는 자의 차이는 뭐지?" 질문이 올라왔다. 순간 명상이 끊어지려 해서 생각을 밖에 두고 문을 닫아버렸다.

마지막엔 감나무의 감이 보였다. 그걸 따서 맛있게 먹었다. 감을 먹는 느낌이 굉장히 리얼했다. 색깔, 즙, 씹는 느낌, 맛까지, 실제 감을 먹는 듯했다. 감이 여러 개 있어 사람들이 다가왔다. 가족에게도 나누어 주었다.

명상을 마치고 나니 방석까지 흥건히 젖어있었다. 내가 흘린 침이었다. 명상에 깊게 들어가서 침이 흐르는 줄도 잊었다. 조금 민망해서 방석을 가지고 가서 세탁해오겠다고 물어보았다. 순야 마스터는 활짝 웃으며 괜찮다고 그냥 두라고 말했다.

그는 나와 마스터가 하나 된 것에서 우리 모두는 하나이고 분리되지 않음을 알려주었다. 또한, 물방울이 지혜를 상징한다고 말했다. 그걸 사람들에게 무한정 나누는 것이 고무적이라는 이야기도 덧붙였다.

문득 예전 명상을 배울 때, 침을 흘릴까 말까 고민했던 때가 떠올랐다. 생각하면 웃기지만 나는 정말 진지했었다. 명상에 깊게만 들어가면 입이 벌어지고 침이 줄줄 흐르는 것이다. 그래서 몸을 추슬렀는데, 그게 오히려 방해가 되었던 걸까? 여기서는 그냥 애초에 시작부터 입을 벌리라고 침이 흐르면 좋은 거라고 조언했다. 그래서 해방감에 아주 놓아 버려서인지, 내가 아주 깊게 들어간다고 그는 말해 주었다.

이렇게 당분간 매주 화요일과 목요일 오전 10시에 마스터와 명상하는 스케줄이었다. 다음엔 무슨 경험을 하게 될까, 심장이 뛰었다.

2. 마음의 자유

순야룸

용서해야 할 사람은 바로

미성년자 고양이 학대 사건 목격자를 찾습니다. 강원도 양구군 양구읍에서 미성년자 한 명이 고양이를 바닥에 집어 던지고 얼굴을 파묻은 뒤, 심지어 발로 짓밟는 모습이 목격되었습니다. 바닥에 패대기쳐진 고양이는 학대범 손아귀에서 벗어나려고 발버둥 쳐 보지만 결국 도망치지 못했습니다. SNS에서 동물 학대 영상을 접한 한 시민이 급히 동물학대로 인근 파출소는 물론 양구경찰서에 신고했으나…

오늘도 인스타 피드에 동물단체 카라의 글이 떴다. 나는 수많은 단체들을 팔로우하고 있다. 주로 기부하는 곳 그리고 응원하는 곳들이다. 사실 피드 글을 보기 어렵다. 너무나 아프기 때문이다. 그래서 나는 그냥 읽지 않고 대부분 쭉 내린다. 하지만 그래도, '의리' 혹은 '좋아요' 하나 보태줄 심정으로 그대로 두고 있다.

2010년 반려견 깨비를 입양했다. 나는 당시 동물보호단체에서 활동했었다. 외도하는 아빠, 자식을 저버린 엄마, 손찌검하는 할머니, 부모님이 오지 않는다며 앞에 세워놓고 때리던 선생님 등, 수많은 기억으로 나는 사람을 사랑하기 어려웠다. 할머니 집에 있던 어디서 데려온 바둑이가 그나마 어린 나의 유일한 안식처였다. 바둑이는 늘 나를 보면 꼬리를 치고 한결같은 사랑을 주었다.

바둑이의 이름은 부치였다. 작명을 배운 할아버지가 재수 좋으라고 지어준 이름이었다. 그런데 그 재수는 부치기에게 좋은 것이 아니라 집에 좋은 것이었나 보다. 어느 날 할머니는 부치를 팔았다. 그는 집에 약간의 돈을 남기고 개장수에게 넘겨졌다. 나의 유일한 안식처이자 사랑의 원천이 사라진 것이다. 사람에게 상처받은 나에게 하나 남은 가장 소중한 것을 사람들이 또 앗아갔다.

커서 만난 동물보호단체에는 수많은 부치들이 있었다. 자세히 보았다. 그들이 겪은 일과 사람들의 행동. 한쪽에서는 저지르고 한쪽에서는 구했다. 싸우다 나는 결국 몸져누웠다. 방광염이 지속되었다. 뇌가 각성되어 밤에 잠을 잘 수 없었다. 모두를 구할 수 없었고, 내 영향력은 세상의 모래알만큼이나 작았다. 이러다 내가 죽겠구나 싶었다. 깨비를 입양하며 나는 내려놓았다. 월 기부만 지속한 채 뉴스와 소식을 차단했다. 일단 살아야 했다.

episode 2. 용서

두 번째 일대일 명상시간이었다. 부치를 비롯한 여러 일들이 머리에서 맴돌았지만, 다 내려놓고 명상을 시작했다.

배 안에 뭔가 꿈틀거렸다. 뱀인 줄 알았는데 커다란 이무기였다. 내 몸이 좁다고 꾸물꾸물 움직였다. 순야 마스터가 깨어나라고 터치해주었다. 그러자 이무기가 움직이기 시작했다. 처음 겪는 일임에도 '드디어'라는 생각에 가슴이 벅차고 눈물이 났다. 오래 기다린 듯한 느낌이었다.

움직임이 크게 느껴져 가만 보니 용이었다. 몸은 황금색에 커다랗고 빛이 났다. 눈은 무지갯빛으로 영롱했으며, 꼬리와 지느러미는 푸른색으로 하늘거렸다. 내 몸이 우주처럼 변하여 용이 돌아다니기 시작했다. 팔, 다리, 몸통, 온몸을 구석구석 돌아다니며 기지개를 켰다. 그러다 어깨 쪽으로 가더니 머리 쪽을 향해 밖으로 나가려고 했다. 순간 아쉬운 마음이 들었다. 용이 왜냐고 묻기에, 잠시만 같이 있어도 되냐고 대답했다. 용이 알았다고 말했다. 약 1초간 잠시 영원 같은 함께함을 느꼈다.

용에게 이제 가도 좋다고 말했다. 용이 내 머리 정수리 쪽으로 빠져나가기 시작했다. 고통 없이 투명하게 마치 통과하듯 내 몸을 빠져나갔다. 큰 나비가 번데기를 벗는 듯했다. 빈껍데기만 남은 나는 바닥에 널브러졌다. 용이 나를 물끄러미 내려 보더니 껍데기만 남은 나를 삼켰다. 이윽고 하늘로 높이높이 올라갔다. 올라가며 몸이 점점 더 커졌다. 땅에 있는 사람들이 손가락으로 가리키며 쳐다보았다. 용이 계속 가다 멈칫했다. 뱃속 깊이 삼킨 내 껍데기가 두려워 끌어내리고 있었다. 용이 나를 배설해 버리려고 하기에 아니라며 다시 붙잡았다. 같이 하늘로 올라갔다.

첫째 아이와 같이 뛰어가며 숨바꼭질을 했다. 어떤 숲에 도달했다. 늑대가 있다며 숨었다. 위를 쳐다보니 황금빛 열매가 열려있었다. 열매를 따서 보니 표주박 모양이었다. 반을 가르니 안에 물이 찰랑거렸다. 그 물을 첫째와 나눠마셨다. 또 한참 뛰어가다 숨었다. 옆에 보니 빛이 새는 돌문이 있었다. 그 문을 살짝 여니 빛이 쏟아져 나왔다. 첫째에게 "들어가면 헤어지는 건데, 정말 괜찮아?"라고 물었다. 아이는 "응!" 이라고 주저 없이 대답했다. 그러고는 신나게 문밖으로 뛰어나갔다. 아이를 보내고 마음이 꿈틀거렸다. 그립고 보고 싶은 마음이었다. 그 마음을 색이 고운 비단 주머니에 담아 묶어버렸다. 주머니 안에서도 계속 발광하듯 꿈틀거리기에 나중에 열어주었다. 마음은 그 자리에서 꽃이 되었다.

사막과 같이 끝없이 펼쳐진 모래 바닥을 걸어갔다. 내 발자국이 하나씩 찍혔다. 발자국 옆에 가만히 보니 강아지 발자국이 찍혀 있었다. 눈을 들어 보니 내가 키우다 무지개다리를 건넌 별이와 여우가 있었다.

안고 쓰다듬어 주었다. 같이 달렸다. 너무 행복한 그때, 돌아가신 친할머니 얼굴이 보였다. 내가 어렸을 때 사랑하던 부치를 개장수에 게 팔아버린 그 할머니.

손을 들어 할머니를 용서했다. 할머니를 감싸던 에너지가 부드러 워졌다. 고맙다고 말하며 사르르 녹아 아기가 되었다. 그때 사랑하던 강아지 부치가 내 품에 쏙 들어왔다. 꼭 안아주었다. 그 뒤로 생명을 존중하지 않는 수많은 사람들이 보였다. 그 사람들도 모두 용서했다. 그러자 모두 아기가 되었다. 옆에는 그들이 이용했던 동물들이 함께 있었다. 그 아기와 동물이 하나가 되어 새로운 영혼이 되었다.

아기코끼리가 보였다. 엄마 코끼리와 억지로 떨어뜨려 혼자된 아 기코끼리였다. 많이 아프고 고단해 쓰러져 죽기 직전이었다. 하지만 아기코끼리는 미소 지었다. "죽을 수 있어 행복해."라고 아기코끼리 가 이야기해 주었다.

아이를 그리워하던, 꽃이 된 나의 마음이 다시 보였다. 그 꽃은 다 시 첫째 아이가 되었다. 나의 마음은 흡수되고 없었다.

명상이 끝나고, 안타까운 SNS 소식을 보며 화를 주체 못 하던 나를 돌아보았다.

묻는 나 : 왜 내가 화를 내고 있지?

나 : 세상을 아프게 하는 사람들에게 화를 내고 있잖아.

묻는 나 : 세상을 아프게 하는 게 너한테 화가 나니?

나 : 그래. 나도 세상이잖아.

묻는 나 : 그 사람도 세상이 아니니?

나 : 그래, 그 사람은 스스로를 아프게 하고 있겠지.

묻는 나 : 너는 그 사람들에게 화가 난 게 아니야. 잘 들여다 봐.

나 : 뭐라고?

생각지 못한 걸림이 있었다. 더 깊게 가만히 들여다보았다. 내 마음을. 내 마음을. 내 마음을…. 더 자세히 보니 나는 나 자신에게 화가 나 있었다.

묻는 나 : 왜 나 자신에게 화가 나 있지?

나 : 그건, 내가 나를 보호하지 못했기 때문이야. 또한, 내게 소중한 것을 보호하지 못했기 때문이야. 나는 나한테 너무 화가 나. 어리고 약하고 아무런 힘도 없는 나에게 화가 나.

나는 나를 용서해야 했다. 그냥 속수무책으로 당하기만 했던 힘없는 나를. 내 진짜 가장 깊은 곳 용서해야 할 사람은 바로 나, 나였다. 목 놓아 우는 나를 깨비가 쳐다보았다. 가슴 에너지가 울리기 시작했다. 나는 이 경험을 글로 써 보아야겠다고 생각했다.

신은 모든 것이다

episode 3. 씨앗

커다란 하늘 위 섬 같은 곳에 동상들이 있었다. 사람들이 세운 신의 형상들이었다. 순간 울분이 느껴졌다. 내 몸보다 곱절은 큰 황금 망치를 들고 부수기 시작했다. 모두 부수고 나는 지쳐 쓰려졌다. 마지막으로 나를 부수려고 내리치는 순간, 돌 거인이 망치를 잡아 막았다.

그가 내 손에 씨앗을 쥐어주었다. 몸을 일으켜 폐허가 된 허허벌판 한가운데 씨앗을 심었다. 씨앗을 심자 순식간에 싹이 트더니, 줄기가 마구 자라 하늘 끝까지 올라갔다. 올려다보니 줄기 가운데 둥그런 것이 커지더니 팡 하고 터져 커다란 꽃이 피었다. 꽃에서 반짝이고 고운 빛 가루가 내려 나를 포함한 온 세상을 덮었다.

'WHO AM I?'라는 글자가 또렷이 보였다. "나는 누구지?"라는 질문과 함께 나를 보았다. 나는 아몬드 껍데기였다. 피식 웃음이 나고 실망감이 들었다. 살짝 만지니 바스러져 버렸다. 앞에 보니 달팽이가 있었다. "이번엔 달팽이라고?" 달팽이집 안에서 달팽이가 나왔다. 그 달팽이가 "들어갔다 나왔다 하지."라고 말했다. 사실 누가 말하고 누가 대답하는지 알 수 없었다. '내가 너고 너가 나야."라는 소리가 들렸다.

말하는 손을 다시 만났다. 저번 명상에서 "선택하는 자와 창조하는 자의 차이는 뭐지?"라는 의문이 있었다. 당시 손이 들고 있던 선물박스를 열어보자 주사위가 나왔는데, 내 선택의 결과를 미리 보고 주사위 값을 고를 수 있었다. 나는 선택하는 자라는 자각이 올라왔는데, 순간 선택하는 자와 창조하는 자의 차이를 알고 싶은 욕구가 에고에서 올라왔었다. 명상이 끊어질 뻔했기에 중단했고 다시 만나고 싶었다. 결국, 다시 물었다. 손이 대답했다.

"왜 이렇게 헤매고 있어? 같은 거잖아." 손은 쏜살같이 사라져 버렸다.

마음이 종종 아프게 느껴지고 심장이 뛰었다. 내 심장을 보니 꽃이 가득 피어 있었다. 그 꽃을 지나가는 사람들에게 하나씩 나누어 주었다. 사람들 심장에도 꽃이 피었다. 점점 그런 사람들이 늘어났다.

내 안의 심장이 크게 느껴졌다. 심장을 꺼냈다. 뛰는 걸 쳐다보며 물었다.

"네가 내 몸을 움직이는 에너지원이니?"

"아니. 뛰기를 결정했잖아."

"누가?"

"네 안에 있는, 네가 그토록 찾는 존재"

이 세상의 모든 '있음'이 '결정'이라는 알아차림이 있었다. "그럼 빛이 '결정'이면 어둠은 뭐지?"라는 질문이 올라왔다. "잠깐 쉬는 거지 뭐야."라는 목소리가 들렸다.

마지막에 내가 운영하는 모임이 하나의 살아있는 유기체로 보였다. 전기가 찌릿찌릿 핏줄에 피가 통하듯이 살아 움직였다. 그 모임이 순간 우주선이 되었다. 앞에 행성이 날아오는데 순간이동을 해서 피했다. 그런 것도 할 수 있다니 놀랐다. 또 뭘 할 수 있나 물었다. 뭐든 할 수 있단다. 그럼 사람을 많이 태워보라고 말했다. 우주선이 알았다고 대답했다. 그러더니 공기 중으로 저며 들어 세상 그 자체가 되었다.

"Everything"

명상 다음 날, 알아차림에 순간 놀라 벌떡 일어났다. 시간을 보니 새벽 1시 20분. 깨기 전 문구가 선명히 보였다. Everything이라고 적혀 있었다. 입체처럼 또렷이 하얀 글자로 희미한 꿈속에 각인되었다.

"신은 모든 것이다."

나도 모르게 중얼거렸다. 마치 잠자지 않은 듯 선명한 자각이었다. 주변을 둘러보았다. 모든 것, 모든 장소, 그리고 모든 사람, 이 공간을 가득 채우고 있는 공기까지도, 모든 것이 새롭게 느껴졌다. 곳곳이 신의 존재함이었다. 그리고 나 역시 마찬가지였다. 두려움이 잠깐 올라왔지만, 모든 것이 신이라면 나 역시 신이어야 마땅했다. 자각하자 내 안의 신성이 느껴졌다.

episode 4. 네가 결정하면 되잖아

세 번째 일대일 명상시간이었다. 손끝의 감각을 깨우고 느끼는 교감 명상이 시작되었다. 마스터의 안내로 하얀 털을 쓰다듬기 시작했다. 커다랗고 단단한 몸이 느껴졌다. 꼬리는 길쭉했다. 바라보니 호랑이였다. 하얀 호랑이는 내가 쓰다듬자 개랑이[7]처럼 누워 꼬리를 흔들었다. 나는 나만의 호랑이가 너무 좋았다. 안고 자고 늘 데리고 다녔다. 사실 내가 데리고 다니지 않아도 늘 내 곁을 따라다녔다. 사람들 눈에는 보이지 않았다.

어느 날 호랑이가 내 등을 떠밀었다. 떠미는 방향으로 계속 걸었다. 앞에 보니 커다랗고 높은 빌딩이 있었다. 그 빌딩에 들어가라는 눈빛으로 호랑이가 나를 쳐다봤다. 무언의 압박이었다. 빌딩에 들어가 엘리베이터를 탔다. 엘리베이터를 타고 올라가니 어떤 사람이 나를 기다리고 있었다. 표지에 핏자국이 있는 종이뭉치를 내밀었다. 계약서였다. 표지를 열어 읽는데 종이에서 빛이 뿜어져 나왔다. 진리의

---

7) 개+호랑이의 줄임말. 애교 많은 호랑이를 말한다

약속이었다. 이걸 지키기 위해 수많은 아픔과 노력이 있었다는 걸 알아차렸다. 순간 두려움이 들었다. 내가 진리를 세상에 알려도 될까? 계약서를 받아 들고 나왔다.

호랑이는 만나는 사람마다 반응이 조금씩 달랐다. 먼저 순야 마스터와 만났는데 강아지처럼 온순해져 바닥에 드러누웠다. 꼬리를 흔들고 배를 보이기도 했다. 우리 가족에게도 마찬가지였다. 아이들은 호랑이와 깔깔대며 놀았다. 보통 사람들에게 갈 때는 약간 거리를 두는 것으로 반응했다. 반응이 다르니 궁금해졌다. 푸틴 대통령을 데리고 와보았다. 푸틴 대통령에게도 반응이 비슷했다. 약간의 거리를 두었다. 우크라이나 대통령에게도 마찬가지였다.

유난히 친하게 대하는 사람이 있었다. 하지만 악인으로 여겨지는 사람이든 선하게 인식되는 사람이든 반응이 크게 다르지 않았다. 그런 호랑이가 갑자기 으르렁거렸다. 어떤 사람이 걸어가다 뒤를 돌아보았다.

표정과 느낌이 묘했다. 그 사람을 보고 호랑이가 큰 소리를 내고 공격태세를 갖추었다. 갑자기 달려가 그 사람을 삼켜버렸다. 나는 왜 그 사람에게만 다르게 대했는지 알기 어려웠다.

며칠 후 호랑이가 갑자기 캑캑거렸다. 뭔가를 토하기 시작했다. 미끄덩하고 나와 보니 구렁이였다. 그 사람을 삼키고 구렁이로 나온 게 분명했다 그때 알아차렸다. 아, 그 사람은 인간이 아니었구나. 인간이 세운 '에고' 혹은 '그림자'라고 느껴졌다.

어느 날 호랑이가 피투성이가 되어 돌아왔다. 너무 놀랐다. 어떤 경우에도 쉽게 싸우는 법이 없는데 그렇게 전투적으로 싸웠다니. 호랑이를 눕혀놓고 밖에 나가보았다. 커다랗고 시커먼 에너지체가 있었다. 집채만큼 컸으며 모든 걸 삼킬 듯했다. 그건 사람이 만든 두려움이자 공포였다.

호랑이에게 돌아와 물었다. 네가 이렇게 아프고 피 흘리며 싸우는

것이 슬프다고, 어떻게 하면 되냐고. 호랑이가 답했다. "네가 결정하면 되잖아." 순간 퍼뜩 알아차렸다. 그렇구나. 호랑이가 행복하기를 결정했다. 행복하고 자유로운 모습을 상상했다. 그랬더니 호랑이가 점점 사라졌다.

나 : 잠깐, 어디 가는 거야? 너랑 더 같이 있고 싶어.

호랑이 : 내가 행복하기를 네가 결정했잖아.

짧은 대화 끝에 호랑이는 결국 사라졌다. 그렇구나. 호랑이가 행복해지는 것은…, 돌아가는 것이었구나. 호랑이의 영혼이 보였다. 호랑이는 내가 생전 마음속으로 명복을 빌어준 수많은 동물들이었다. 눈물이 앞을 가렸다. 그들이 나를 위해 이렇게…. 진심으로 그들의 행복을 빌었다.

사람이 두려운 것이 아니구나. 사람이 하는 생각들, 가상으로 세우는 인물들, 그것이 진정 두려운 것이었다. 호랑이가 알려준 것을 새겼다. 그리고 내가 결정하면 그것들로부터 자유로워진다는 것도.

진정 두려운 것

"악~~!!!!!!"

소리를 지르고 팔을 휘저으며 깼다. 사람만큼 커다란 바퀴벌레가 날아왔던 것이다. 정신을 차리고 보니 모두 꿈이었다. 휴…. 다행이었다. 꿈자리가 사나웠다. 방 안을 걸어가는데 뭔가 이불을 덮고 나란히 누워있었다. 자세히 들여다보니 사람 같은 바퀴벌레들이었다. 사람이 바퀴벌레의 얼굴을 하고 있었을 수도 있다. 하여튼 그 둘은 구분이 안 됐다. 조심히 걸어가는데 그것이 날아온 것이다. 윽…, 깨고서도 불쾌했다.

나는 보통 꿈을 해몽하기 위해 네이버 지식인을 활용하곤 했다. 그런데 명상을 하고부터 조금 달라졌다. 내 안에서 답을 찾는 것이다. 그래서 이 꿈이 무슨 의미인지 알기 위해 명상을 시작했다. 첫째 아이가 떠올랐다.

첫째 아이는 곤충을 참 좋아한다. 어릴 때부터 아빠와 매미를 잡으며 놀았다. 매년 매미 유충을 집에 데리고 와 허물 탈피하는 걸 관찰하기도 한다. 잡으면 잠깐 관찰하고 조심스레 잘 풀어준다. 스스럼없고 곤충을 무척 사랑해서인지 곤충들도 첫째 아이가 가까이 가면 잘 도망가지 않는다. 기꺼이 잡히고 기꺼이 다시 돌아가는 그런 관계다.

얼마 전엔 아이가 귀뚜라미를 잡았다. 나에게 귀뚜라미는 소리가 크고 다리가 긴 생물체였다. 가까이 가면 나에게 점프할지도 모르는 괴기스러운…, 그런데 아이는 귀뚜라미도 똑같은 곤충으로 여겼다. 손 위에 가만 올려놓고 움직임이 간지럽다며 쳐다보곤 했다. 귀뚜라미뿐만이 아니었다. 나비, 공벌레, 그리고 심지어 그것까지도.

아이는 어느 날 뭔가를 유심히 보더니 손으로 삭 하고 잡았다. 그러더니 가만히 손 위에 놓고 관찰했다. 그건 바로 바퀴벌레였다. 나는 보고 순간 소리를 지를 뻔했다. 그런데 아이가 아무런 고정관념 없이 바퀴를 대하는 모습이 너무 신기했다. 아이에게 그 벌레는 아무런 기억도 감정도 없는 대상이었다. 너무 순수하고 맑다는 알아차림에 감히 뭐라 말하지 못하고 숨을 죽였다. 그 벌레는 다른 곤충들처럼 원래 있던 곳으로 고이 되돌아갔다.

나 : 안 무서웠어?

첫째 : 왜, 뭐가?

나 : 바퀴벌레가 안 무서웠냐는 말이야.

첫째 : 그냥 다른 곤충이랑 똑같은데?

나 : 헐~.

첫째 : 그냥 공벌레랑 비슷해. 좀 더 큰 것뿐인데?

나: 헐~~.

첫째와 대화를 나누며 구체적인 상상에 몸서리를 쳤다. 하지만 호기심이 두려움을 앞섰다. 침을 꼴깍 삼키고 첫째에게 다시 물었다.

나 : 저기~, 더듬이가 길고, 잡기 힘들지 않았어?

첫째 : 그치. 더듬이가 길고, 몸이 딱딱했어.

정말 '헐~'이라는 말밖에 나오지 않았다. 마치 내가 만진 것처럼 심장이 두근거렸다. 아이와 대화를 나누며 너무나 깨끗한 관점에 놀랐다. 나의 감정이 들여다보였다. 내 모든 감정이 기억이구나…, 실은 누군가에겐 아무것도 아닌.

나는 사람이 미웠다. 좋은 기억이 거의 없었다. 사람이 세상의 암세포라고 느꼈다. 바퀴벌레 같기도 했다. 환경을 파괴하고, 다른 생물을 말살시키는 인간이라는 존재는 차라리 다 사라져야 마땅했다.

20대 이후부터는 늘 모자를 눌러쓰고 선글라스를 끼고 다녔다. 사람들의 눈을 보는 게 힘들었다. 대화를 할 때는 나도 모르게 말을 더듬었다. 집에 돌아와 못한 말을 떠올리며 이불 킥을 하곤 했다. 내 표현을 못 하니 불합리한 일도 자주 겪었다. 그런데 이 분노와 미움은 내 기억에서 비롯된 것이었다. 나는 경험으로 사람이라는 어떤 고정된 상을 세웠다.

꿈이 나에게 전달하는 메시지를 알 수 있었다. 내가 두려워하는 그것은 아이가 마음대로 가지고 다루는 바로 그것이라고. 이제는 대인기피증을 정리해야 할 때가 왔다는 생각이 들었다. 내가 세운 사람이라는 고정된 상, 호랑이가 피 터지게 싸웠던 그것, 자세히 보니 나 역시 사람이었다.

모든 존재와 자리에는 이유가 있어

예전 꿈에 돌아가신 아빠가 가끔 등장했다. 그때마다 아빠는 어두운 표정이었다. 그냥 멀찌감치 멀리서 나를 바라보곤 했다. 뭔가 말하고 싶은 게 있는 것 같은데, 가까이 오지도 않았다. 처음엔 그러려니 했다. '내가 아빠가 보고 싶어 그런가? 아빠 장례식에 못 가서 그런가?'

아빠는 50에 폐암으로 돌아가셨다. 새어머니와 배다른 형제는 나의 존재를 몰랐다. 아빠와 그나마 종종 연락하던 남편이 나에게 장례식장에 가지 않는 게 좋겠다고 조언했다. 나는 딸의 권리를 빼앗긴 것이 분했다. 누가 뭐래도 내 아빠고, 나는 내가 원하면 아빠의 장례식장에 갈 수 있었다.

하지만 나는 결국 가지 않았다. 또다시 착하기만 한 내가 미웠다. 그리고 이렇게 위안했다. '원래 아빠는 늘 나의 존재가 자기의 인생을 망쳤다고 얘기했었지. 돌아가시기 전 잠깐 정신이 돌아온 건지, 아니면 정신이 나간 건지 나를 찾고 처음 사랑한다 말했지만 말이야.'

아이 낳고 힘든 게 살짝 가실 때쯤 정기검진을 받았다. 내 폐에 작은 결절이 있다고 했다. 나는 바로 폐암으로 돌아가신 아빠를 떠올렸다. 그래서일까, 아빠가 꿈에 보이는 게 꺼림칙하고 그냥 넘길 수 없었다. 이를 친한 언니에게 이야기했다.

언니는 내 이야기를 듣고 천지암 선생님을 소개해 주었다. 전화로 선생님은 아빠가 억울한 것이 많다고 했다. 나는 선생님을 직접 만나 이야기를 들어보았다. 아빠의 한을 풀어주어야겠다는 생각이 들었다. 사실 아빠 장례식장에 못 간 내 한이라도 풀고 싶었다. 얼마 후 나는 아빠 천도제를 지냈다. 천도제에 몸을 빌려 찾아온 아빠는, 미안해서 나한테 직접 말 못 하고 멀리서 바라만 봤다고 했다. 이렇게 풀어주어 고맙다고 연신 눈물을 흘리며 앞으로 네게 보답하겠다고 말했다.

천도제에서 쌀로 아빠가 뭐로 다시 태어날까 점쳤다. 작은 새가 보였다. 작은 새라니, 피식 웃었다. 키 크고 잘생겨 외모가 훤칠하던 아빠, 운동으로 몸이 좋고 명품을 좋아하던 아빠, 공부며 사업이며 날고 기던 아빠, 하지만 결혼했던 것도 아이가 있는 것도 숨기던 아빠, 정말 아빠로서 형편없던, 내게 고팠던 사람.

나는 이때 천도제의 경험으로 아는 많은 것이 뒤틀렸다. 현실 세계가 전부인 줄 알았다. 그런데 내가 보지 못하는 세계에 일어나는 것들이 있었다. 당시 나는 아이 낳고 다시 교회로 돌아간 상태였다. 와중 무속에서 새로운 경험을 하게 된 것이다. 미신인 줄 알고 선입견을 가지고 있던 것들이 오히려 내 영적 마음을 열었다. 나는 이때부터 이성적 종교적 판단을 내려놓고, 모든 걸 그 자체로 흠뻑

받아들이기 시작했다. 아이러니하게 이 경험이 나를 명상으로 더욱 이끌었다.

명상에 제대로 입문하는 계기가 되었지만, 깊어지면서는 부딪힘이 있었다. 명상은 내 안에 더 집중하는 것이기 때문이었다. 나는 그 차이를 알아차리고 외부에 의존하기를 멈추었다. 눈에 보이지 않는 존재들을 인정하되, 나 스스로에게 질문하기 시작했다. 그러면서 균형이 맞아지고 일들이 더욱 잘 풀렸다. 내가 중심을 잡고 우뚝 서자 모든 신화적 존재가 나를 돕는 것을 느꼈다. 그 깨달음을 나는 되뇌었다.

"사람들은 때로 도움이 필요해. 그래서 도착하는 곳은 같아도 과정에서 다양한 것들이 존재하는 거야. 모든 존재와 자리에는 이유가 있어. 존중하고 수용하자. 단지 내가 지금 뭘 해야 할지 알아차리자. 감사합니다, 감사합니다, 그리고 사랑합니다."

episode 5. 이제는 자유로워지세요

　우리 집 창틀 화단에 새가 날아왔다. 그릇에 받아놓은 물을 마시려는 모양이었다. 부리가 자그맣고 뾰족했다. 머리는 갈색에 배는 하얗고 등과 날개의 무늬가 예뻤다. 파닥파닥 날갯짓이 작지만 강했다. 참새였다. 그 참새는 종종 날아와 창틀 화단에서 물을 마셨다. 집 안에 있는 나를 때로 빤히 쳐다보다 날아가곤 했다.

　어느 날 길을 걷다 참새가 바닥에 누워있는 것을 보았다. 우리 집에 날아오던 그 새였다. 사고가 난 듯했다. 움직이지 못하는 그 새를 감싸 쥐었다. 손에 들어 올려 바라보았다. 이대로 길에 있으면 지나가는 차에 짓눌릴 것이 뻔했다. 집으로 데리고 왔다.

　참새는 기운을 차리는가 싶더니 제대로 움직이지 못했다. 한쪽 날개만 끊임없이 파닥거렸다. 물도 마시지 않았다. 하루 종일 스러져가다 파닥거리기를 반복했다. 다음 날 새는 더욱 기운이 없었다. 느낌이 이상해 가만히 손에 올려놓고 이야기했다. 잠깐 내려놓고 물을 마시고 온 찰나 참새는 싸늘히 식어있었다.

그 참새를 큰 나무 아래 고이 묻어주었다. 새의 명복을 빌었다. 자리를 일어나 걸어 나오는데 큰 날갯짓 소리가 들렸다. 하늘을 보니 커다란 봉황이었다. 작은 참새가 봉황이 되었구나. 봉황은 내 머리 위를 빙글빙글 돌았다. 한참을 반복하더니 하늘 높이 날아 사라졌다.

나 : 마스터, 명상에서 봉황을 보았어요.

마스터 : 명상이 깊어지고 있으며, 다음 차원으로 이동했네요.

순야 마스터는 봉황이 수호신 중 하나라고 설명해 주었다. 봉황을 포함해 내가 이전 만난 용, 호랑이, 거북이가 이 세계에서 다음 세계로 안내하는 수호신이라며 그는 고구려 벽화의 사신도를 설명했다.

마스터 : 인간의 몸으로 살아가는 세계와 영혼의 세계는 다른 차원이에요. 몸을 가진 자가 의식적으로 깨어나면 영혼 세계로의 이동이 가능하죠. 원하는 누구든지 만날 수 있게 돼요.

작은 새로 다시 태어난다던 돌아가신 아빠가 떠올랐다. 이제는 진정 놓아줄 수 있다는 확신이 들었다. 어쩌면 그를 붙잡고 있었던 건 오히려 나였을지도 모른다는 자각과 함께.

"용서할게요, 고마워요. 이제는 자유로워지세요."

진정한 나는 영원하며 죽지 않아

episode 6. 이게 답이구나

바닥의 모래를 손바닥에 들었다. 바람이 불며 모래가 날아갔다. 모래가 빠져나가며 내 손도 같이 허물어졌다. 손가락이 사라지더니 손이 사라졌다. 팔 얼굴 몸 다리 차례차례 모두 사라졌다. 눈을 뜨니 하얀 공간이었다. 뚜벅뚜벅 걸어갔다. 공간의 끝에 하얀 문이 있었다. 금색 문손잡이를 돌려 열고 나갔다.

가슴높이의 진한 초록빛 풀을 마구 헤치며 걸었다. 뭘갈 찾는 듯했다. 숨도 쉬지 않고 하나만 생각했다. '내가 찾는 것' 하염없이 팔로 가르며 달리듯 걷다 무언가를 손으로 탁 잡았다. 내 키 높이 장대의 빨간 깃발이었다. 그걸 빼서 내 발아래 온 힘을 다해 힘껏 꼽았다. 깃발이 쿵 땅에 꼽히며 온 땅이 진동했다. 빨간색이 불꽃처럼 바람에 나부꼈다. 가만히 바라보다 깃발을 쑥 하고 뽑았다. 깃발을 팔로 들어 하늘을 향했다. 있는 힘껏 깃발을 하늘로 던져 쏘았다. 깃발이 높은 하늘로 날아가더니 '펑~' 하고 불꽃이 되어 터졌다.

불꽃이 비가 되어 땅에 내리기 시작했다. 손에 타닥타닥 빗방울이 느껴지더니 점점 빗줄기가 굵어졌다. 나는 기다렸다는 듯이 기쁜 마음에 입을 벌려 빗물을 마셨다. 발아래 가뭄으로 쩍쩍 갈라진 땅이 보였다. 갈라진 틈 사이로 빗물이 스며들었다. 흙이 부드럽고 촉촉해졌다. 흙냄새가 피어나더니 금세 새싹이 움트기 시작했다. 새싹에서 떡잎이 나고 본 잎이 자랐다. 이내 꽃이 피었다. 깃발을 뽑은 자리에는 큰 나무가 자라났다. 땅에 크고 시원한 그늘을 드리울 만큼 가지

가 뻗어 잎이 났다.

곤충이 생기고 나비가 날아들었다. 동물들이 보였다. 아름다운 생태계가 형성되었다.

나는 다시 달리기 시작했다. 끝없이 가다가 멈추어 섰다. 허공에 손을 뻗어 문고리를 잡아 돌려 당겼다. 문이 열리고 또 다른 나를 만났다.

나와 내가 손을 맞댔다. 같이 춤을 추기 시작했다. 빙글 돌고 손으로 날갯짓했다. 단순하고 반복적인 아름다운 움직임이었다. 춤을 추니 내 옆에 또 다른 내가 생겨났다. 둘 넷 여덟 점점 내가 많아져 온 세상을 채웠다. 마지막에 쿵! 땅을 치니 많은 내가 다 사라졌다. 혼자 남은 나는 다시 모래를 잡았다. 모래가 날아가기 시작했다. 내 몸이 모래와 함께 허물어 세상에서 사라졌다.

계속해서 순야 마스터의 안내 목소리가 들렸다. 내 얼굴에 빛이 쏟아졌다. 따뜻했다. 밝은 빛이 내 몸을 감싸 안았다. 내 몸이 내려다

보였다. 나의 마지막 날이었다. 나의 죽음은 평온하고 아름다웠다. 아무런 미련도 고통도 없었다. 준비되었다는 생각이 들었다. 누워있는 내 몸에서 하얗고 불투명한 것이 일어났다. 주변을 한 번 둘러보더니 물에 비치는 빛처럼 반짝이며 허공에 사라졌다.

나는 사라지고 자각만 있었다. 지구가 보였다. 점점 멀어지더니 우주였다. 우주의 깊은 통로로 쑥 빠져들었다.

정신을 차리고 보니 가족과 함께였다. 둘째 아이가 내 코에 자기 코를 부딪치며 "코-파이브"라고 말했다. 장난 어린 미소에 웃음이 났다. 아이와 나는 코를 맞대고 서로를 간질이며 깔깔 소리를 냈다. 따뜻하고 포근했다. 나는 불현듯 중얼거렸다. "이게 답이구나."

이제 때가 되었다는 생각이 들었다.

'내 컨디션 기복은 이제 진짜 안녕이야. 모든 두려움은 내 기억에서 비롯된 것임을 알았어. 내가 없으면 아이들이 어린 나처럼 힘들까 봐, 내가 준비 못 하고 갑자기 죽을까 봐 두려웠어. 컨디션 기복이 오히려 내 건강을 유지할 거라 생각하고 타협했어. 하지만 이런 생각이 모든 상을 만들어내는 거야. 세상은 홀로그램과 같아. 나는 이제 과거와 달라. 질병도 죽음도 나를 함부로 대할 수 없어.'

이렇게 생각하고 두려움을 버리려 했다. 그런데 그 두려움이 잘 떨어지지 않는 것이다. 발로 차고 손으로 던져도 그대로 내 몸에 꼭 붙어있었다. 실랑이가 계속되었다. 그래서 고심 끝에 이야기했다.

'이번 생이 끝이 아니야. 나는 죽어도 죽은 것이 아니야. 진정한 나는 영원하며 죽지 않아. 육체가 죽더라도 어쩔 수 없어. 나는 그 모든 중요성을 놓겠어. 하루를 살아도 온전하게 살 거야. 나는 더 이상 두렵지 않으며, 그 무엇도 내가 매일 최상의 삶을 살겠다는 결정을 막지 못해.'

모든 것을 내려놓았다. 믿고 맡겼다. 사실 영혼은 말하고 있었다. 나는 온전한 상태로 살아갈 수 있다고. 죽음도 내가 결정할 수 있다고. 하지만 물질적인 내가 붙들고 놓지 않았다. 나는 그마저도 다 놓을 테니, 이제 그만 나를 놓아 달라 이야기했다. 결국, 그 두려움은 내가 놓아버린 것과 함께 떨어져 나갔다. 가슴의 에너지가 강하게 진동하며 온몸으로 퍼지는 것이 느껴졌다. 무거웠던 덩어리는 떨어져 나가 공기 중으로 형태 없이 사라져 버렸다.

3. 구함의 자유

episode 7. 나는 깨어났다

순야 마스터와 네 번째 일대일 명상시간, 영혼이 춤을 추듯이 소울 명상이 시작되었다. 펠리컨이 날아가고 있었다. 펠리칸의 부리에 아기가 있었다. 펠리컨이 물가에 아기를 내려놓고 멀찌감치서 엄마 느낌으로 쳐다보았다. 아기는 찰방찰방 물에서 물장구치고 데굴데굴 굴렀다. 아이는 자연과 이야기 나누고 자연 그 자체인 것처럼 자라났다.

아이가 제법 컸을 때쯤 멀리서 사람들이 나타났다. 사람들이 아이를 보고 손가락질하며 뭐라 뭐라 이야기했다. 아이는 화들짝 놀랐다. 마치 아담과 이브가 선악과를 따먹은 것처럼 세상의 것을 알아차린 듯했다.

아이는 두려움에 물속으로 들어갔다. 물에서 숨이 쉬어진다는 것을 그때 알았다. 깊이깊이 헤엄치는데 저 아래 밑바닥 빛이 보였다. 흙 속에 묻혀있었다. 아이는 손으로 파기 시작했다. 그랬더니 땅이 갑자기 반으로 쪼개지며 거북이가 안에서 나왔다. 빛이 찬란하고 몸이 산처럼 커다란 거북이었다.

이때부터 아기가 나로 인식되었다. 거북이가 나와 마주 보고 이 야기했다. 같이 헤엄치고 놀다 나보고 타라고 말했다. 거북이 등에 타 붙잡았다. 워낙 큰 거북이라 빠르게 물살을 가르며 헤엄쳐 나가 기 시작했다. 깊은 강을 지나 바다로 갔다. 무지갯빛 영롱한 물결 을 지났다.

거북이가 나를 어떤 섬에 내려주었다. 섬에 도착해 올라가 보니 나 와 같은 사람들이 잔뜩 있었다. 그 사람들은 물에서 자유롭게 호흡했 다. 거북이와 놀기도 했다. 사람들을 신기하고 반갑게 바라보며 이 섬에 무엇이 있나 둘러보았다. 섬은 크고 우거졌다. 쭉 안으로 들어 가 보니 순야 마스터가 있었다. 이 섬의 지도자였다.

"제가 뭘 해야 하죠?"

뭘 해야 하나 묻자 지도자는 "너는 여행자다."라고 말했다. 그러면 서 이쪽으로 올라가라고 옆의 계단을 가리켰다. 그 계단을 걸어 올라 갔다. 계단은 높고 길었다. 한참을 가다 보니 빛나는 보석이 있었다. 그 보석을 만지자 보석에서 어떤 기운과 에너지가 내 몸으로 흡수되었다. 이어 올라가니 또 다른 보석이 있어 그렇게 했고 내 몸이 또 달라졌다.

그렇게 수많은 보석을 만났고 나를 보니 내 모습이 달라져 있었다. 빛이 가득 퍼지며 가벼운 몸이 되었다. 옷은 하늘하늘 선녀의 날개옷 같았다. 굉장히 높게 올라왔고 수많은 보석을 지나쳤는데 아직도 끝이 아니었다. 넓고 광범위했다. 나는 지쳐 잠시 앉아 쉬었다. 그러자 봉황이 날아와 나를 태우고 보석들로 옮겨 다니며 나를 도와주었다.

이렇게 다니다 깊고 깊은 어떤 곳에 도착했다. 거기서 손을 내밀어 잡으려는 느낌이 났다. 이끌림에 나도 손을 내밀었다. 그랬더니 내 손을 쑥 잡아당겨 나는 그 안으로 빨려 들어갔다.

커다란 수정구슬 같은 공간 안에 백발노인이 있었다. 머리가 온통 하얗고 길었다. 수염도 하얗고 길게 늘어져 있어 마치 영화 반지의 제왕에 간달프 같은 외모였다.

"내가 뭘 해야 하죠?"

그 백발노인이 나보고 이 넓은 세상을 보라고 말했다. 밖을 바라보니 정말 내가 지나온 길이 넓고 높고 무한대로 컸다. 한참을 바라보는데 노인이 내 등을 손으로 갑자기 세게 밀었다. 나는 하염없이 아래로 떨어졌다. 그런데 떨어지는 와중에 정신이 들었다. 나는 내가 생각하는 대로 할 수 있다는 자각이었다. 나는 걸 상상하자 내 옷이 날개가 되어 나는 땅에 사뿐히 도착했다.

여기가 어딘가 둘러보았다. 무대였다. 앞을 보니 수많은 사람들이 나를 쳐다보고 있었다. 수천수만의 눈동자가 느껴졌다. 무슨 말이라도 해야 할 것 같은데 떠오르지 않았다. 눈을 지그시 감고 영혼의 목소리를 들었다. 생각나는 대로 말을 시작했다.

"정신 차리세요!" 사람들이 웅성거렸다.

"여러분들이 진짜라고 생각하는 이 세상은 모두 가짜입니다." 믿지 못하겠다는 눈빛으로 나를 쳐다보았다.

나는 눈을 감으라고 말했다. 그러자 다들 눈을 감았다. 팔을 들어 주먹을 쥐라고 말했다. 다들 그렇게 했다. 주먹으로 내 몸을 두드리라고 했다. 사람들이 자신의 몸을 두드렸다. 그리고 이렇게 말하라고 했다.

"나는 깨어났다."

사람들이 눈을 감고 몸을 두드리며 깨어났다고 말했다. 그중 맨 앞 가운데 한 명이 눈을 번쩍 떴다. 나와 눈이 마주쳤다. 그러자 그 사람은 내가 되었다. 또 다른 사람이 눈을 떴고 나와 눈이 마주쳤다.

또 다른 내가 되었다. 이어 계속해서 사람들이 눈을 떴고 또 다른 내가 되었다. 사람들은 이렇게 모두 내가 되어 깨어난 표정으로 집에 돌아갔다.

무대에 나 혼자 덩그러니 남았다. 뭘 해야 할지 몰랐다. 가만히 우두커니 서 있는데 장면이 거꾸로 돌기 시작했다. 비디오 되감기를 빠르게 하듯 모든 것들이 뒤로 돌아갔다. 백발노인을 만나고, 순야 마스터를 지나, 거북이를 만나, 다시 아기가 되었다. 더 깊고 깊게 환한 빛에서 공한 상태로까지 이르렀다. 그 상태에 한참을 머물러 있었다.

episode 7-1. 다시 제자리로 돌려보내자

작은 나가 물 안에 풍덩 빠져 깊이 담겨있었다. 한없이 가라앉았고 막막했다. 이렇게 사라지고 싶었다. 쑥 뭔가가 나를 꺼냈다. 큰 사람이었다. 나를 물에 담갔다 꺼냈다 반복했다. 나는 그냥 인형 같은 놀잇감이었다. 너무 괴로워서 죽고 싶었다.

문득 옆을 보았는데 조개가 있었다. 진주구슬이 잔뜩 들어있는 게 느껴졌다. 저 큰 사람이 조개를 억지로 벌려 조갯살을 찢어 진주 구슬을 꺼낼 것이 뻔했다. 조개가 그러면 죽을 것 같아 조개를 데리고 도망치기 시작했다. 가도 가도 끝이 없었다. 너무 멀었다. 계속 가다 쑥 빠져 내려갔는데 미끄럼틀이었다. 기껏 멀리 왔다고 생각했는데 아직도 큰 사람의 놀잇감 안이었다. 망연자실하여 드러누웠다. 조개에게 말을 걸었다.

"미안해. 괜히 너를 데리고 나와서. 물도 없는데 다 죽게 생겼구나."

죽고 싶은 마음에 눈을 감았다. 그랬더니 조개가 입을 벌려 자기의 구슬을 하나 뱉어주었다. 그때 정신이 퍼뜩 들어 구슬을 가지고 다시 도망쳤다. 또다시 나는 쳇바퀴 안에 있었다. 하다하다 지쳐 쓰러졌다. 이젠 안 되겠다고 가망이 없으니 정말로 죽는 게 낫겠다고 눈을 다시 감았다. 그때 구슬이 내 손에서 빠져나가 데굴데굴 굴러갔다.

한참이 지나 누군가 나를 쓱 들어올렸다. 큰 사람이었다. 그런데 가만 보니 나였다. 큰 나는 굴러 떨어진 구슬을 보고 나를 찾은 것이었다. 나를 찾은 큰 나가 다른 큰 사람들에게 말했다. 가만 보니 내 아이들이 다른 큰 사람들이었다.

"생명을 소중히 여겨야지~, 다시 제자리로 돌려보내자."

큰 나는 조개를 주워 바닷가에 풀어주었다. 그리고 작은 나는 쓰레기통에 버렸다. 큰 나가 있으니 작은 나는 더 이상 필요 없었다. 작은 나는 거기서 사라졌다.

episode 7-2. 내가 뭘 해야 하지?

수호신들이 모두 모였다. 호랑이 황룡 봉황 거북이까지. 같이 내 주변에 동그랗게 모여 있는데, 각각 다른 차원에 있는 듯했다. 예를 들어 거북이가 있는 공간에는 물이 가득 담겨있었다.

수호신들과 춤을 추기 시작했다. 우리가 춤을 추자 땅이 들려 일어나더니 산이 되었다. 정상에서 수호신들에게 내가 뭘 해야 하냐고 물었다. 호랑이는 자기가 알려준 것처럼 가장 두려운 것은 허상이라는 걸 알려주라 했다. 거북이는 자기가 이동시켜 준 것처럼 다른 곳으로 이동하며 하라 했다. 봉황은 작은 생명도 소중히 여기라 알려주라 했다. 황룡은 자기를 잡고 높이 올라가라 했다. 얘기를 들어보니 다들 그들과 경험한 것을 답으로 제시했다. 그들의 조언을 귀담아 듣고 그러겠다고 했다.

문득 지금 하는 일들을 정리해 시간을 확보해야겠다는 생각이 들었다. 나의 이 경험들을 주제로 SNS를 운영해야겠다고, 유튜브 인스타 블로그 브런치 등 모든 SNS를 운영해 시스템을 만들겠다는 아이디어가 떠올랐다.

"축하해요."

"네?"

"깨달은 걸 축하해요."

"네...?"

명상이 끝나고 순야 마스터는 명상 나눔을 듣고 나에게 깨달은 걸 축하한다고 말했다. 차원 이동과 깊어짐에 대해 뭐라 뭐라 설명해주었다. 멍했다. 명상에서 아직 정신이 돌아오지 않은 것 같기도 했다. 하지만 내 안에 자각이 있었다. 순야 마스터에게 인사하고 계단을 걸어 나오며 나는 중얼거렸다.

"나는 알고 있었어. 내가 이미 깨달은 존재라는 걸."

결국 붓다를 놓았다

하루 종일 멍했다. 갑자기 웃기도 했다. "뭐야, 다 왔잖아. 내가 그토록 바라던 그 곳."

명상에서 확실히 느꼈다. 내가 도착했다는 걸. 그런데 현실 세상에서도 그럴까. 그건 아직 아닌 것 같았다. 시간차가 필요한 건가? 어찌 되었든 나는 명상에서 경험하는 것이 물질 세상에 실제 반영되는 걸 알고 있으니 상관없었다.

그리고 나는 알고 있었다. 이미 깨달은 존재라는 걸. 이건 내가 심상화할 때 자주 사용하는 기법이기도 했다. 이미 이루어졌음을 상상하면 그것이 현실화 되는 것이다. 그래서 나는 늘 내가 이미 이룬 듯 생각하며 살아가곤 했다.

또한, 그렇게 배우기도 했다. 내 안에 이미 불성이 있다고 스님은 늘 이야기했다. 그러니 불상에 대고 절하지 말고, 불상이 의미하는 내 안의 존재에 절을 하라 말했다. 이걸 성경에서는 성령이라 말하고, 많은 책들은 우주라 이야기한다는 걸 알았다. 스님과 지낼 때 경험한 일이 떠올랐다.

절에서 명상을 배울 때 유독 날 의식하는 사람이 있었다. 처음 갔을 때 나는 불법은 전혀 몰랐다. 그런 내가 명상에서 깊게 체험하며 이해가 빠른 것이다. 그냥 내가 가진 건 경험이었다. 스스로 '경험만수르'라 부를 만큼 삶의 크고 작은 굴곡들을 온몸으로 부딪쳐 지나왔다. 오래 불교와 깨달음을 공부한 그에게 나는 위협적인 존재였을지도 모르겠다. 내가 늘 부족하다는 그의 오지랖에 나는 결국 입을 닫았다.

힘든 마음을 정화하고자 절을 수없이 했다. 그 사람을 사랑하는 마음을 내었다. 그리고 그냥 내가 멀어지면 서로 평화롭다고 생각하기도 했다. 결국, 수업 마지막 즈음엔 빠지고 가지 않았다. 하지만 스님이 챙겨주어 같이 공부하던 사람들과 즐거운 인사로 마무리할 수 있었다. 마지막 날, 그 사람이 어떤 말을 해도 바라보며 웃고 나오겠다고 각오 아닌 각오를 하고 갔던 기억이 난다. 신기하게도 그 사람은 일이 생겨 처음으로 오지 않았다. 우주가 즐겁게 마무리하라고 도와주었나보다 생각했다.

나는 안다. 누군가에게 깨달음이 얼마나 간절한 것인지. 그런데 나도 그랬나 보다. 이뤘다는 생각에 몸이 풀어졌다. 그럼 이루지 않았다고 그동안 생각한 건가? 무의식중에 그랬을지도 모르겠다. 그 무의식을 바꾸려고 엄청난 작업을 해왔는데 아직도 남아 있었다니. 긴장이 풀어지며 졸음이 왔다. 며칠 잠을 길게 자기도 했다. 내 몸이 긴장하고 있었다는 걸 알아차렸다. '이게 뭔데 그렇게 바랐니.' 나 자신을 다시 돌아보았다.

인터뷰어 : 살면서 가장 행복했던 순간은요?

나 : 지금이요.

인터뷰어 : 다시 20대로 돌아간다면 뭘 하고 싶으세요?

나 : 안 돌아갈래요.

예전 이렇게 답했던 기억이 났다. 나는 늘 지금이 제일 행복했다. 어느 시점으로도 돌아가고 싶지 않았다. 나는 내 과거들을 지옥이라 불렀다. 정말 최선을 다해 살았고, 이보다 더 열심히 살 수는 없었다. 근데 돌아가서 다시 하라면 자신이 없었다. 이번 인생이 한 번뿐이라는 것에 얼마나 안도했는지 모른다.

이번엔 어떻게 어떻게 했는데 다음번에 '또~'라고 생각하니 까마득했다. 그래서 언젠가부터 나의 꿈은 아예 이 세상 태어나고 죽는 굴레에서 벗어나는 것이었다. 이만큼 했으면 되었다고 생각했다. 근데 자유로워지고 싶은 그 꿈이 나를 긴장하게 만들었던 걸까. 자유의 갈망에 자유를 빼앗기다니. 이 얼마나 아이러니한가.

깨달음은 중요하지만, 깨달음에 집착하면 이에서 오히려 멀어진다는 걸 알았다. 나는 한평생 나를 사랑하기 위해 노력했다. 어릴 때 받은 싸늘한 시선 그리고 세상이 나에게 씌운 모든 고정관념을 벗고 싶었다. 그런 나에게 '더 나아지고자' 하는 마음은 나를 늘 조급하게 만들었다. 다시금 내가 나로서 존재하지 않고 누군가를 추구하게 만들었다.

그래서 절에서 배울 때 나의 긍정 확언은 '나는 이미 붓다이다.'였다. 그런데 어느 날 명상하다 나는 붓다처럼 된 미래의 내 모습에서 부담을 느끼는 걸 깨달았다. 붓다가 되고자 함은 붓다처럼 깨달음 얻고 자유로워지고자 함이었다. 그런데 붓다라는 고정된 이미지가 나의 진정한 행복을 앗아가고 있다는 것을 알았다.

"가치는 간직하되 디테일에는 유연하세요."

내가 모임에서 사람들에게 늘 가르치던 말이 떠올랐다. 육아에서 사람들이 방법론에 집착해 본질을 잊는 걸 수두룩하게 보았기 때문이다. 투자에서도 마찬가지였다. 생각해보니 나는 붓다의 깨달음은 추구하지만, 유연하게 존재하고 싶었다. 그래서 결국, 붓다를 놓았다. 스스로에게 되뇌었다.

"내게 주어진 걸 있는 그대로 사랑하자. 그럼 답을 더 이상 밖에서 찾지 않아도 될지 몰라."

누군가는 나에게 말할지도 모른다. 많이 모자란다고. 하지만 차라리 나는 기꺼이 모자라겠다고. 그래야 편하게 행할 수 있으니까. 난 사람들이 만든 고정된 모습의 그리스도나 붓다가 아닌 그냥 그 자체라고. 그 근원은 결국 같을 것이니 모두 놓는다.

episode 8. 사람들을 구원하지 않아도 된다는 건가?

장대 같은 비가 갑자기 내리기 시작했다. 비를 맞으며 집에 가려고 뛰었다. 진흙탕에 넘어졌다. 넘어져 옷이 온통 진흙투성이가 되었다. 손도 철퍽거렸다. 의외로 진흙의 느낌이 좋았다. 부드럽고 자유로웠다. 일어나 걷는데 문득 비를 맞는 해방감이 좋았다. 얼른 집에 들어가야 하는데, 계속 비를 맞고 우두커니 서 있었다. 강중강중 뛰기도 했다. 집을 앞에 두고 비를 맞으며 한껏 느꼈다. 가방도, 가방 안에 있는 중요한 것들도 젖어버렸다. 그냥 자유로움이 좋았다.

빛이 쏟아졌다. 빛이 쏟아지는데 그리스도가 앞에 있었다. 그리스도가 나를 안았고, 나는 그리스도 품에 폭 안겼다. 그렇게 그리스도와 나는 엉켜 빛 덩어리가 되었다.

고민거리들이 떠올랐다. 먼저 내가 저번 명상에서 들고 온 계약서였다. 당시 호랑이가 내 등을 떠밀어 높은 빌딩으로 올라갔었다. 엘리베이터를 타고 올라간 곳에 있던 어떤 사람이 나에게 핏자국이 있는 종이 뭉치를 내밀었었다. 빛이 뿜어져 나오는 계약서였다. 나는 당시 내가 이 세상에 진리를 알려도 될지에 대한 두려움이 일었다. 그래서 그 계약서를 그냥 받아만 나왔다.

그 계약서에 사인을 해야 하나, 말아야 하나, 고민이 되었다. 뭔가 내키지 않았다. 사인할 필요가 없다는 목소리가 들렸다. 계약서 그 자체를 세상에 나눠 알리라고. 나는 묶여있을 필요가 없다. 그냥 비도 맞고 빛도 느끼며 여여하게 살아가면 된다고. 이리저리 넘나들며 내가 원하는 삶을 살면 된다고.

내가 오래 바라던 꿈이 떠올랐다. 나는 우주 그 자체가 되는 것을 늘 상상하고 이미 이루었다고 생각했다. 그런데 그 또한 묶임이라는 알아차림이었다. 나는 지금 이 세상에 살고 있다. 현재에 존재하기만 하면 된다. 그런 중요성을 놓는 것이 바로 진정한 우주가 되는 것이었다.

빛이 뿜어져 나오는 계약서를 엮어 사람들에게 나누어 주었다. 자유로웠다. 그리고 현재에 존재함으로 나는 내 세상을 만들어냈다. 어디도 종속되지 않은 나만의 우주였다.

내가 겪는 모든 힘든 일들도 그 자체로 아름다웠다. 그럼, 사람들을 구원하지 않아도 된다는 건가? 우주가 되어 선구자가 되지 않아도 된다는 건가? 그렇다는 대답이 올라왔다. 나는 이 자체로 멋지며 영감이다. 내 자리에 있으면 된다. 결국, 목적지는 같다. 하지만 여정도 충분히 즐겁다.

바닥을 내려다보니 도마뱀이 있었다. 도마뱀을 들어 올리니 도마뱀이 나에게 말을 걸었다. 같이 이야기하는데 도마뱀이 내 몸속으로 들어왔다. 그리고 나에게 저리 가라고 방향을 지시하기 시작했다. 도마뱀의 지시대로 가니 어떤 동굴이었다. 가만 보니 내 몸은 영화 〈겨울왕국〉의 엘사였다. 내가 마지막 원소라는 걸 자각하는 찰나, 내가 원하는 건 이게 아니라는 생각이 들었다.

내 몸 아래쪽에 꽃이 피기 시작하더니 꽃잎이 나를 감쌌다. 그렇게 한참을 지나 꽃봉오리가 열렸다. 안에 아기가 있었다. 새로 태어난 나였다. 나의 꽃에서 줄기가 뻗어 나와 새로운 세상을 만들기 시작했다. 나무로 가득한 정글 숲이었다. 점점 멀어져 내가 만든 세상을 바라보았다. 화성 같은 별이었다.

많은 사람들이 나를 에워싸 길을 터주었다. 지나가며 보니 조상님들이었다. 시댁 친정 모두 모여 있었다. 고개를 숙여 나에게 인사를 했다. 그들을 미소로 바라보며 지나가는데, 저 앞에 예수님과 부처님이 있었다. 밝은 빛으로 나를 바라보았다. 모두를 지나 맨 끝에 기다리는 나를 만났다. 나는 나와 얼싸안았다. 누구에 종속된 존재 아닌 진짜 나가 되었다.

세상 끝의 마개를 뽑아보세요

일대일명상 네 번째 시간이었다. 이루었다는 생각에 긴장이 풀어져서일까. 유난히 명상 집중이 안 되었다. 사실 어제 오늘 둘째 아이와 씨름하기도 했다. 명상 속에서 갈피를 잡을 수 없었다. 이조차도 내려놓자고 마음먹었다. 고요해졌다. 아이와 가장 행복했던 최근의 어느 날이 떠올랐다. '그래, 이런 날들을 누리면 돼.'라고 되뇌였다. 혼란이 가라앉았다.

episode 9. 이게 지옥이구나

슬픔의 강을 하염없이 걷고 있었다. 나와 같이 걷는 사람들이 있었다. 빛의 존재들이었다. 아래 강물을 바라보니 내가 보였다. 그들이 물에 비친 나를 보지 말라고 했다. 빠져들어 나올 수 없다는 것이었다. 하염없이 걸었다. 걷다 보니 통로가 나왔다. 하수구도 지나갔다. 1000배를 하는 듯한 고통이었다. 잠시도 쉴 수 없고 정신을 집중해서 앞으로 나아가야 했다. 가다가다 끝에 도달했다. 병의 입구였다. 병의 입구를 나오니 다른 차원이 펼쳐졌다.

병의 입구를 나오니 끝없는 사막이 펼쳐져 있었다. 위에 태양이 이글이글 타고 있었다. 순야 마스터의 안내로 태양이 9개가 되었다. 눈이 부셔 눈을 감았다 떴다. 손에 구슬이 여러 개 있었다. 반짝반짝 작고 예뻤다. 보석같이 안에 뭐가 들여다보였다. 안을 보니 또 다른 세상이 있었다. 하나는 지상낙원, 하나는 화성이었다. 하나는 모든 걸 빨아들였으며, 하나는 모든 걸 이루었다. 하나는 '나'였다. 다른 구슬도 자세히 보려는데 집중이 잘되지 않았다. 그 구슬들을 물에 흘려보냈다. 물에 반짝반짝 구슬들이 떠내려갔다.

아이와 씨름에 너무 지쳤었는지 명상에서 자꾸 딴생각이 들었다. 안 되겠다 싶어 나의 수호신들을 불러냈다. 그들에게 도와 달라 부탁했다. 먼저 거북이가 등에 타라고 했다. 거북이 등에 타자 물속 깊은 곳으로 나를 데려갔다. 깊은 곳 뭔가 반짝이기도 하고 빨려 들어가는 느낌이 있어 가보니 이 세상의 끝이었다. 거기엔 마개가 있었다. 궁금해서 그 마개를 쑥 뽑았다. 그랬더니 이 세상이 갑자기 빨려 들어가기 시작했다. 놀라서 마개를 닫고 다시 돌아 나왔다.

이번엔 호랑이의 등에 탔다. 호랑이가 아주 높은 고원의 산꼭대기로 나를 등에 태우고 올라갔다. 세상 가장 높은 곳에서 가장 낮은 곳으로 점프했다. 여러 차원의 의식들을 지났다. 어떤 의식에서는 사람이 자신의 가슴을 치고 있었다. 가슴을 치다 손에 칼이 생겨났다. 그 칼로 마구 앞으로 찔러댔다. 뭐를 찌르나 보았더니 허공이었다. 그런데 그 허공에서 칼이 다시 튀어나와 그 사람을 찔렀다. 그 사람은 찌르고 찔리고 무한 반복하며 고통스러워했다.

"이게 지옥이구나." 중얼거리며 거길 지나쳤다.

또 다른 차원에서는 어떤 판이 있었다. 그 판에 여러 구멍들이 컵처럼 뚫려있었다. 그걸 종이가 덮고 있었다. 종이를 걷어보니 피가 가득한 컵이 구멍마다 담겨있었다. 그 피 안에 죽은 동물들이 있었다. 끔찍하다는 생각이 들어 여기서 돌아 나가고자 했다. 열쇠를 찾아야 했다.

어떤 건물의 사무실 안으로 안으로 뒤지며 찾다가 돌아가는 큐브를 만났다. 이 안에 열쇠가 있다는 자각이었다. 이 큐브를 멈춰야 하는데 어떻게 멈추지 생각하다 위의 큐브에 종이컵을 씌워 멈췄다. 아래 큐브는 계속 돌고 있었다. 고민하다 내가 멈추라고 이야기하자 알았다며 멈췄다. 큐브 안에 병이 있었다. 마개가 씌어 있었는데, 그 안에 무지갯빛이 보였다. 그걸 열고 나는 이 차원에서 나올 수 있었다.

이번엔 봉황의 등에 탔다. 쏜살같이 날아 하늘을 지났다. 우주를 지났다. 점점 모든 것이 멀어졌다. 무한한 빛에 가까워졌다. 빛에 들어가더니 이를 통과해 아무것도 없는 공간에 도달했다. 그 공간에 들어가면서 나와 봉황은 형태가 없어졌다. 나라는 자각도 없고 그냥 물결이었다. 이리 흔들 저리 흔들했다. 자각도 느낌도 생각도 사라졌다. 순간 명상 기억도 사라지겠다 싶었다. 여기서 나가야겠다 생각했다.

거기서 나와 이번엔 용의 차례였다. 용은 입을 크게 벌리더니 불을 내뿜었다. 나를 제외한 모든 것을 불태웠다. 그리고 수호신들이 나에게 잃어버린 구슬을 다시 가져다주었다. 모든 것을 빨아들이는 구슬, 모든 것을 이루는 구슬, 모든 걸 예술로 승화시키는 구슬, 그리고 마지막은 '나' 구슬을 다시 얻었다.

모든 것을 빨아들이는 구슬은 걱정 과거 불안 등 모든 걸 빨아들였다. 유용하게 쓸 수 있지만 조심해야 했다. 모든 걸 이루는 구슬은 원하는 걸 생각하면, 먼저 구슬에서 보여준 다음 내 현실을 그걸로 교체해주었다. 모든 걸 예술로 승화시키는 구슬은 생각과 사실 등을 보여주면 뭐든 가장 예술적인 형태의 노래와 춤, 영화, 글 등으로 승화해 보여주었다. 그리고 '나'구슬을 들고 있으면 어떤 현실에 처해 있더라도 다시 진정한 나로 돌아갔다. 이 구슬들을 들고 있으니 나는 천하무적이라 느꼈다.

이 세상이 반짝반짝 구슬로 보였다. 모든 것은 구슬들로 이루어져 있었다.

순야 마스터가 나의 명상 여행 이야기를 듣더니 미소 지으며 답했다.

"다음에는 세상 끝에 있던 마개를 뽑으세요."

"네….” 고개를 끄덕이며 이야기를 마무리했다. '다 온줄 알았는데, 뭐가 더 있나?'라는 의문에 순간 많은 것들이 떠올랐다. 하지만 이내 가라앉았다. 가슴이 다시 아픈 것도 같았다. 순야 마스터의 눈이 구슬처럼 반짝이고 있었다.

목적 구함

"앞으로 뭘 해야 하지?"

원초적인 질문에 가로막혔다. 앞으로 뭘 해야 하지? 나는 앞으로 어떻게 살아가야 하지? 그동안 내가 하던 수많은 것들이 다 영화장면처럼 보였다. 그 영화에서 연기하는 나를 느꼈다.

"이제 이 세상이 모두 영화라는 걸 알았어."

뭔가 조언이 간절했다. 명상 속에서 답을 찾으려고도 해봤다. 만족할 만한 답이 나오지 않았다. '나는 대체 어떤 답을 바라고 있는 거지?' 그냥 나는 어쩌면 적응시간이 좀 필요한 건지도 모른다는 생각이 들었다.

명상이 끝나면 멍하기도 했다. 리얼하고 깊으니 한동안 현실도 명상으로 느껴졌다. 명상이 깊어지면 현실의 구분이 사라지는 거라고 순야 마스터는 조언해 주었다. 사실 명상 속에서 경험하는 것이 엄청나서 현실과의 괴리감도 있었다.

"나는 분명 명상에서 한계가 없어. 이게 어떻게 현실에 반영되려나? 뭐라도 준비해야 하는 거 아냐? 뭐 대단한 걸 해야 하나? 나는 이제 내가 누구인지 알았으니 그에 걸맞은 뭔가…, 멋진 거?"

멋진 거라니? 나 스스로 헤매는 게 느껴졌다. 웃음이 났다.

episode 10. 큰 뜻이 뭔데?

다섯 번째 일대일명상 시간이었다. 하늘의 태양을 바라보았다. 9개의 빛이 있었다. 눈이 부시게 바라보다가 딴생각에 사로잡혔다. 한참을 헤매다가 다시 빛이 보였다. 그 태양들을 내가 안고 있었다.

하나씩 안으니 빛이 팔다리가 생기며 꿈틀꿈틀 아기가 되었다. 9명의 빛 아기가 생겼다. 첫째 아이가 아기를 키우겠다고 했다. 아기를 엄청 좋아하는 아이라 아기들을 모두 눕히고 소꿉장난하듯 키웠다. 먹이고 재우고 놀고 재밌어 보였다. 한참 후 첫째에게 물으니 아기가 모두 사라졌다고 했다. 빛이 되어 하늘로 날아갔다는 것이다.

순간 카페 스텝들이 생각났다. 마침 스텝이 9명이라는 자각이었다. 그 스텝들과 원탁에 둘러앉았다. 뭘 먹다 가운데를 보니 포도가 있었다. 샤인 머스켓 같은 알이 굵으며 달고 탐스러운 포도였다. 그 포도를 모두 나누어 먹었다. 웃고 이야기하며 즐거운 시간이었다.

시간의 수레바퀴 안에 내가 있었다. 거대한 태엽이 웅장하게 규칙적으로 돌아갔다. 마치 시계 안에 들어간 듯한 느낌이었다. 그 장엄한 광경을 보며 멍하니 있다 시간을 멈춰보고 싶다는 생각이 들었다. 내 옆에 시계를 멈추는 레버가 있었다. 그 레버를 잡아내려 시간을 멈추었다. 모든 것이 정지했다. 고요함 안에 한동안 머물렀다. 적막하며 평화로웠다.

대천사가 나타났다. 눈부신 빛에 커다란 날개를 달고 있었다. 나보고 따라오라고 말했다. 어찌 따라가야 할지 모르지만, 알겠다 말했다. 함께 공간이 이동되었다.

작은 공간 구석에 한 아이가 웅크려 울고 있었다. 천사는 그 아이를 가리켰다. 그 아이를 내 손으로 터치했다. 아이의 슬픔과 고통이 모두 사라졌다. 아이는 깨끗한 영혼이 되었다. 텅 빈 빛이었다. 그 옆에 또 다른 아이가 있었다. 울고 있었다. 그 아이도 터치해 영혼이 되었다.

그런데 그 옆에 큰 전신 거울이 보였다. 그 거울을 터치해 '나'가 생겼다. 그 나는 계속 많아지면서 아이들을 모두 터치해 깨우기 시작했다. 수많은 아이들의 고통이 사라졌다. 아이들은 모두 깨어났다. 가슴이 벅차고 행복했다.

손바닥을 내려다보니 손바닥에 물이 고여 있었다. 물 안에 작은 물고기가 헤엄치고 있었다. 주황색에 귀여운 꼬리였다. 그 물고기가 갑자기 폭 튀어 물에서 점프하더니 순간 새로 변해 날갯짓했다. 하늘 높이 날아 빛이 되었다. 옆의 사람들도 손바닥에 물이 고였다. 작고 귀여운 물고기들이 그 안에서 헤엄치다 튀어올라 새가 되어 날아갔다. 세상이 빛으로 온통 밝아졌다.

순야 마스터가 내게 검지를 내밀었다. 마치 영화 ET처럼 나도 손가락을 내밀어 마스터의 손가락에 맞대었다. 순야 마스터는 세게 내 손가락을 밀었다. 나도 맞대응했다. 순간 순야 마스터는 강한 에너지를 내 몸에 손가락을 통해 넣어주었다. 내 몸에 강하고 힘 있는 에너지가 가득 차올랐다. 그 에너지는 내 몸을 뚫고 몸 밖으로 퍼져 나갔다. 자신감이 생기고 보호받는 느낌이었다.

내게서 강한 에너지가 퍼져 방을 채웠다. 이윽고 우리 동네를 채웠다. 우리나라를, 지구를 채웠다. 그 에너지는 우주로까지 꽉 찼다. 최대로 꽉 찼을 때 그 에너지는 점점 흡수되어 전체가 되었다.

내 에너지는 다시 내 몸만해졌다. 이번에는 모든 것을 버렸다. 몸도 집착도 생각도 모두 훌훌 내려놓았다. 나라는 자각도 모두 벗었다. 내 에너지는 우주에 흡수되어 전체가 되었다. 우주가 되는 방법은 하나가 아니라는 자각이었다. 어떤 방법이 좋은가에 대한 질문에 내 선택에 달렸다는 답이 떠올랐다.

에고 : "그래도 큰 뜻을 품어야 하지 않아?"

나 : "큰 뜻이 뭔데?"

큰 뜻이 따로 있는 것이 아니었다. 내 존재가 바로 큰 뜻이었다. 내 영혼의 길을 여여히 가면 된다는 생각이 들었다.

episode 10-1. 모래는 지천에 있었다.

내가 좋아하는 물건이 떠올랐다. 내 차, 목걸이, 그 물건들에 모두 의도가 깃들어 영혼이 있었다. 그들과 대화했다. 한참을 이야기하고 즐기다 순간 모든 것이 고통이었다. 다 내려놓고 훌훌 털고 싶었다. 그 물건들을 모두 내려놓았다. 모든 걸 비우자 진정 자유로운 느낌이었다.

모래놀이를 실컷 했다. 모래는 돈이었다. 쥐었다 놓았다. 만들고 부쉈다. 모래는 지천에 있었다. 신나게 노는데 옆에 웅크려 벌벌 떠는 사람들이 보였다. 모래가 날아갈라, 모래가 무너질라, 기약 없는 두려움을 붙들고 모래를 꼭 쥐고 놓지 못했다. 바로 옆에 모래가 잔뜩 있어 언제든 가지고 놀 수 있다고 자각하지 못한 채. 그 모래를 붙들고 있는 것은 '중요성'이었다. 모래가 너무 중요했으며, 모래가 사라지면 영영 찾지 못할까 봐 두려웠다. "저걸 놓으면 될 텐데. 조금만 정신을 차리면 바로 옆의 수많은 모래가 보일 텐데."라는 생각을 하며 그들을 바라보았다.

"지금은 사람들을 깨우는 것 외에는 달리 할 수 있는 게 없어요."

내가 뭘 해야 할지 모르겠다고 고민을 이야기하자 순야 마스터는 이렇게 답했다.

'알아요. 아는데, 아니 알 것 같은데, 뭔가 와 닿지가 않는다고요. 사람들은 이미 깨어있고…, 나는 그렇게 믿으면서 살았는데…. 내가 달리 할 게 뭐가 있어요? 그리고 이미 계시잖아요. 순야 마스터를 비롯한 분들. 나는 힘들고 고통스러워서 벗어나려고 한 거라, 이젠 목적을 잃어버린 느낌이라고요. 분명 내가 할 수 있는 게 많겠죠. 세상 기준으로 엄청 잘 될 수도 있고요. 근데 그러면 뭘 해야 하는 거죠?'

차마 밖으로 내지 못한 말. 내 안의 내가 대답했다.

"자연스럽게 하면 돼. 그냥 혼란이 지나가게 둬."

돈 구함

"집착과 끌어당김의 차이가 뭔가요?"

모임 회원이 조언을 구했다. 나는 답했다. 끌어당김은 이미 이루어진 것이고, 집착은 이루어지지 않아 거기에 매달리는 것이라고. 사람들은 끌어당김을 심상화할 때, 결과가 나지 않으면 조급해한다. 하지만 끌어당김은 이미 이루진 것을 상상하고, 그 세상에서 살아가기 때문에 마음씀이 없어진다. 만약 조급한 마음이 든다면 제대로 하고 있지 않은 것이다.

나는 예전 고급주택을 바란 적이 있다. 반려견을 키우고 있어 마당 있는 집을 원했다. 아기자기한 텃밭도 꾸미고 싶었다. 독립적이고 여유로운 공간을 가지고 싶었다. 그래서 한동안 경매 물건을 수시로 검색했었다. 한남동 고급주택 물건 보러 직접 다니기도 했다. 내 마음에 딱 드는 것도 없었지만, 돈도 여유롭지 않았다.

그래서 월세나 전세로 옮길까도 생각했었다. 지금 있는 집을 전세 내놓고, 그 돈으로 고급주택을 임대하는 것이다. 그리고 투자 성과가 괜찮으니 남는 돈으로 더 굴려야겠다고 계획을 짜보기도 했다.

그런데 이렇게 저렇게 해도 확실한 답이 나지 않는 것이다. 일단 경기가 좋지 않아 전세를 보러 오는 사람이 없었다. 그리고 딱히 맘에 쏙 드는 물건이 나오는 것도 아니었다. 사실 아이들 키우려면 놀이터 바로 옆 아파트 우리 집이 괜찮다는 생각도 들었다. 근데 이상하게 고급주택에 자꾸 미련이 가는 것이다. 왜 그런지 명상으로 내 맘을 들여다보았다.

명상에서 보니 일단 나는 강아지를 풀어놓고 놀 수 있는 자유로운 공간을 원했다. 가까운 반려견 운동장에 운전해 간 적이 있었는데, 매일 가기는 어려운 거리였다. 오고 가며 강아지가 실컷 토하기도 했다. 나의 가장 깊은 욕구가 이거였다니.

그래서 나는 생각을 바꾸어보기로 했다. 이 세상 모든 공원이 우리 집 앞마당이라고. 물론 강아지 목줄을 풀어놓고 자유롭게 놀 수는 없을 것이다. 하지만 모든 걸 가질 땐 감수해야 할 것도 있는 거라고 그렇게 생각했더니 굳이 내가 고급주택을 소유해야 하는가에 대한 근본적인 질문이 올라왔다. 오히려 그러면 너무 공간이 작아지는 거 아닌가. 이렇게 넓은 세상이 다 우리 집인데.

그렇게 생각하니 마음이 크게 안정되었다. 며칠 후 반려견 산책을 시키는데 집 옆 놀이터가 눈에 띄었다. 외딴 길가에 있어 인적이 드문 곳이었다. 평소 왜 저런 곳에 놀이터를 만들었을까 의아하기도 했었다. 이끌림에 그 놀이터로 반려견과 향했다. 놀이터 입구에 문이 달려있었다. 찻길이라 놀이터 주변에 담장이 있고, 안에 나무와 풀도 많았다. 문을 닫고 강아지와 놀 수 있을 만한 공간이었다. 이런 좋은 곳이 있었는데 몰랐다니. 마치 하늘이 나에게 선물한 특별 공간 같았다. 사람이 없어 계속 지나다니며 유심히 보았다. 종종 반려견과 함께 산책하고 노는 사람들이 있었다.

그래서 나는 그 공원에 반려견과 종종 가서 산책을 했다. 때로 같이 놀 친구들도 있었다. 고급주택 앞마당을 소유한 것 이상의 즐거움이었다. 이후 꿈을 꾸었다. 리탐빌 센터에서 푹 자고 일어났는데 굉장히 편안했다. 꿈에서 나는 여기를 내 집이라고 생각하고 있었다. 깨어 생각해 보니 리탐빌 센터가 내가 생각하던 고급주택과 비슷했다. 순간 아, 하고 강렬한 느낌이 있었다. 아무리 바라고 끌어당겨도 되지 않았는데, 비우니 비로소 이루어졌다는 생각이 들었다. 더 큰 방식으로.

이런 경험으로 나는 우주가 일하는 방식에 대해 알게 되었다. 때로 내 생각과 다르게 진행되었다. 기적적으로 쉽게 그리고 예상치 못한 방식으로 이루어질 때가 있었다. 우연이 겹겹 발견되는 동시성도 신기했다. 그것이 나의 에고를 분리하게 된 계기이기도 했다. 눈에 보이는 세상이 다가 아니니, 그 너머를 보라는 목소리가 들렸다. 저항하지 말고 모든 걸 믿고 맡길 것. 두려움을 없애는 것만이 필요했다.

나는 초등학교 때 남동생과 찹쌀떡을 팔았다. 찹쌀떡 하나 사달라던 나에게 떡은 주지 않아도 되니, 받으라며 2,000원을 내밀던 약국

아주머니가 기억난다. 나는 정당한 노동의 대가를 받고 싶었지, 동냥을 하고 싶은 게 아니었다. 그 아주머니의 눈빛을 통해 객관적인 나를 보았다. 딱하고 불쌍한 나를.

자존심 상함에도 그 돈을 받아 나오던 나에게 나는 상처받았다. 우리 집은 가난했다. 마음이 가난했던 건지도 모른다. 뭐가 됐던 가난은 아이에게 큰 아픔을 남긴다. 이 세상에 살아남는 방법은 오로지 약육강식의 방식으로 밟고 올라가는 것뿐이라고. 끊임없이 밟혔던 나는 차라리 강해지기를 선택했다.

미친 듯 돈을 추구해 살았다. 돈 되는 거면 뭐든 다 했다. 내가 진정 원하는 것이 무엇인지 생각할 겨를조차 없었다. 결혼해서도 마찬가지였다. 어느 날 남편에게 물은 적이 있다. 당시 나는 아이를 낳고 처음으로 모든 것과 단절된 상태였다. 나를 종종 들여다보고 내가 원하는 게 뭔지 자각하기 시작했다.

"자기는 꿈이 뭐야?"

남편은 콧방귀를 뀌며 답했다. "꿈이 뭐냐니, 무슨 개뼈다귀 뜯어 먹는 소리야. 먹고 살기 위해 하는 거지, 다른 건 없어. 꿈 운운하지 말고 현실을 생각해." 단호함에 나는 입을 닫았다. 이후 내 꿈을 향한 여정에서 그와 정말 많이 부딪혔다. 그런 와중에 나는 금융을 배워 투자했다. 투자는 아이를 키우면서 직장에 다니지 않고도 많은 돈을 벌 수 있는 방법 중 하나이기 때문이었다.

부동산에 투자했고, 주식투자를 전문적으로 배웠으며, nft, 암호화폐, 채권 투자도 했다. 자본주의 사회에서 돈과 가장 가까운 일을 하며 느낀 것이 있다. 바라고 추구할수록 불행해진다는 것이다. 그 결과 오히려 점점 내 꿈에서 멀어진다. 과정에 충실하고 결과에 집착하지 않을 때. 그리고 믿음과 확신을 더할 때 결과는 자연스럽게 온다. 그래서 나는 돈을 추구하는 일을 하면서도 돈을 놓았다. 나중엔 이 세상 모든 돈이 내 돈이라는 걸 알았다. 내 돈이 내 것이 아님을 알았기에 닿은 결론이었다.

투자하면서 명상을 지속했는데, 신기한 일들이 있었다. 동시성으로 무엇에 투자하면 좋을지 사인이 오기 시작한 것이다. 처음에는 나도 믿지 못했다. 하지만 경험이 계속되었다. 덕분에 주식과 암호화폐 그리고 nft가 무너지기 전 매도하기도 했다. 한데 나는 더 이상 돈에 집착이 없었다. 그래서 이를 세상을 위해 써보자고 법인을 설립하기도 했다.

끌어당김을 오래 하다 보면 알게 된다. 먼저, 내가 바라는 것이 뭘 해도 되지 않을 때가 있다. 나는 스무 살 초반까지 이 상황에 처해 있었다. 세상 모든 것이 나를 돕지 않을 때다. 그때는 바로 내가 나를 돕지 않았음을 알아야 그 자리에서 나올 수 있다.

때로는 내가 진정 원하는 것이 뭔지 모르기도 한다. 사실 많은 사람들이 이 상태에 있다는 걸 모임을 운영하며 알게 되었다. 내가 어떤 걸 감수하고라도 진짜 바라고 원하는 게 무엇인지 한 문장 한 단어로 명확하게 말할 수 있어야 한다. 그렇다면 내가 바라는 대로 되는 경험을 하게 된다.

내가 바라는 대로 되는 경험을 하는 때 내 힘을 알아차리게 된다. 계속 이 상태에서 끌어당김을 하다 보면 우주가 일하는 방식에 대해

인지하게 된다. 모든 것이 내 뜻대로 되는 듯하지만, 또한 내 뜻대로 되지 않기 때문이다. 이때 에고와 존재의 분리 작업이 일어나게 된다.

존재를 경험하면 나라는 에고의 경계를 뛰어넘는다. 점점 바라지 않아도 됨을 알게 된다. 당연히 누려야 할 것들이 보인다. 이 세상 공기를 끌어당김을 하는 사람은 없지 않은가. 그냥 주어진 걸 마음껏 사용하면 된다. 이 세상 모든 것이 알맞은 자리에 완벽하게 있으며 달리 내가 할 것이 없다는 것도 알게 된다.

나는 풍요명상을 통해 사람들에게 내가 당연히 누려야 할 것을 인지하도록 가르쳤다. 사람들은 내가 무엇을 누려야 마땅한지 생각하고 서로 나눈다. 왜 내가 그걸 누려야 마땅한지 깊고 깊게 자문자답하기 시작한다. 거기서 나오는 알아 차림들이 아름답다. 사랑, 감사, 기쁨, 평화, 나눔 등 상위 의식으로 바로 연결되기 때문이다. 예를 들면 이런 것이다.

나는 내 집이 있어야 마땅하다.

왜 나는 내 집이 있어야 마땅하지?

우리 가족이 행복하게 살 집이 필요하니까.

왜 우리 가족이 행복하게 살아야 하지?

우린 모두 사랑받아 마땅한 존재니까.

왜 사랑받아 마땅하지?

누구나 안에 사랑이 있으니까.

진짜 나를 만나기 위해 나의 물질적 바람은 때로 유용한 미끼가 된다. 세상은 풍요롭다. 내게 필요한 것은 모두 갖춰져 있다. 우여곡절도 겪을 것이다. 욕심이 날 수도 있다. 어느 자리에 있던지, 사람들은 결국 알아차릴 것이다. 내가 누구인지를. 그래서 나는 바라는 걸 멈추지 말라고 이야기한다. 그 결과에서 도달하는 점은 결국 같다고. 어느 과정에 있든 다 소중하며 그 경험들이 다 자신의 스토리가 되는 것이라고. 내가 지나온 길이 그걸 이야기한다.

episode 11. 돈에 관한 건 하나도 나오지 않는구나

내 인생 장면들이 지나갔다. 햇빛 아래 맨발로 따뜻함과 포근함을 느끼는 장면, 내가 좋아하는 카페에서 가장 밝은 자리에 앉아 있는 장면, 거기서 첫째와 이야기하는 장면, 자는 둘째 아이를 안고 뽀뽀하는 장면, 남편의 얼굴, 우리 강아지 깨비가 나를 쳐다보는 모습, 집에만 들어가 있는 삐삐, 내 인생에 행복한 순간이 많구나…. 그걸 느끼며 지금 죽어도 여한이 없다고 생각했다. 나는 참 투자 일을 오래 했는데 돈에 관한 건 하나도 나오지 않는구나 자각도 있었다.

푸른 옷을 입은 마법사가 내 손을 잡고 뛰었다. 나는 중세시대 드레스를 입고 있었다. 에메랄드빛 짙은 청록의 숲을 마구 달렸다. 앞에 높디높은 성이 있었다. 그 성에 들어갔다. 순간 사방의 문이 철컹철컹 모두 닫혔다. 놀라 보니 마법사는 사라졌다. 그 닫힌 공간이 지하로 쭉 떨어지기 시작했다. 깊고 깊은 속으로 떨어졌다.

문이 열려 앞으로 걸어 나갔다. 허공이었다. 하늘 위 같기도 했다.

나는 다리 위에 서 있었다. 걷다가 꿀렁이는 느낌이어서 보니 다리가 아니라 지네였다. 지네가 꿈틀거리기 시작했다. 떨어질까 봐 지네를 붙잡았다. 지네가 세차게 흔들어 결국 나는 튕겨 나갔다. 날아가다 뭔가에 부딪혀 다시 튀어 올랐는데 나는 새가 되었다. 빛이 찬란하고 반짝이는 아름다운 새였다. 나는 훌쩍 날아 큰 세상을 터치했다. 빛과 어둠의 경계에 반짝임을 흩뿌리며 날았다. 물 위를 날며 찰방거리고 살짝 담갔다 나왔다 반복하기도 했다.

순야 마스터와 손을 맞잡고 서 있었다. 안내에 따라 함께 점프하여 아래를 쾅 내리찍었다. 공간에 온통 금이 가면서 쩌적 갈라졌다. 순야 마스터는 사라지고 그 안에서 지구만큼 큰 푸른 용이 나왔다. 용이 나에게 무얼 원하느냐고 물었다. 나는 "성장"이라 답했다. 뭔가 내가 완성되고 깨달음에 도달했는데, 앞으로 뭘 해야 할지 몰랐기 때문이다. 또 다른 시작이라 느꼈고 답을 얻고 싶었다. 내 대답을 들은 용은 나보고 타라 몸짓했다. 용을 타니 날아가기 시작했고 가다가 속도가 쏜살같이 빨라지며 새로 변했다.

새로 변한 용은 나를 아이에게 데려다주었다. 어린 나였다. 나에게 뭐라 뭐라 얘기하는데 어린 나는 잘 듣지 못했다. 약간 느낄 뿐이었다. 내 성장 과정의 장면 장면들이 보였다. 지금의 내가 과거의 나에게 이야기를 해야겠다는 생각이 들었다.

"네가 겪는 일들은 필연적인 과정이야. 지나면 알게 돼. 부디 잘 버티고 조금이라도 더 행복해."

미래의 나와도 접속해봐야겠다는 생각이 들었다. 미래의 나는 내가 최고의 자리에 올라간 것을 보여주었다. 순야 마스터와 함께 세계 최고 의식 지도자들과 사진을 찍어 SNS에 올렸다.

토마토가 있었다. 탐스럽고 단단하며 빨갛게 잘 익은 토마토였다. 토마토 열매 위에 꼭지가 달렸는데, 거기에 풀이 무성했다. 그 풀에

작은 애벌레가 있었다. 귀여워서 손에 올려 바라보았다. 통에 넣어 관찰했다. 애벌레는 번데기가 되었고, 이윽고 무당벌레가 나왔다. 그런데 꽁지에 빛이 있었다. 반딧불이인지 무당벌레인지 헷갈렸다. 자세히 다시 봐도 무당벌레였다. 빨간 날개에 검은 얼룩이 귀여웠다. 무당벌레가 나에게 빛을 선물해 주었다. 작고 귀여운 빛 덩어리였는데 순간 그게 토끼로 변했다. 잠시 후에는 곰으로 변했다. 그 빛은 내가 원하는 대로 형태를 바꾸는 마법의 선물이었다. 무당벌레에게 고마웠다.

　욕조에 앉아 있는 내가 보였다. 또한, 나는 책을 읽고 있었다. 그리고 글을 썼다. 그리고 그 글을 사람들에게 나누었다. 이 모습을 보며 나의 가장 이상적인 하루라는 생각이 들었다. 나는 평소 새벽에 일어나 욕조에서 반신욕하며 잠을 깬다. 새벽 명상 전 책을 읽고 글을 쓰곤 한다. 이 루틴을 갈고 닦아야겠다고 생각이 들었다.

어린 내가 이루지 못했던 꿈이 떠올랐다. 나는 어릴 때 디자이너가 되고 싶었다. 그림 그리고 꾸미는 걸 좋아했다. 글 쓰고 모임 이끌고 가르치고 사실 못 하는 게 거의 없는데, 요거 하나 채워보아야겠다고 알아차렸다. 영상 제작에 신경 써 봐야겠다고 생각했다.

명상이 끝나고 순야 마스터와 대화를 했다. 마스터는 지구에서 인식하는 무당벌레와 별개로, 다른 차원에서의 무당벌레는 의식을 깨우는 안내자 역할을 한다고 설명했다. 이어 폭력적이고 감정적인 성인들의 세계보다 아이들이 바라보는 곤충과 동물 세계가 더 순수하고 깊은 차원이라고 이야기했다. 공간과 장벽이 사라지고 모든 차원이 하나로 연결된 느낌이 몸으로 전해졌다.

과거의 통합

아빠 : 너는 커서 뭐가 되고 싶니?

나 : 저는 디자이너가 되고 싶어요. 옷을 만들고, 꾸미고…….

아빠 : 그거 해서 뭐 먹고 살려 그래.

내 꿈이 하루아침에 와장창 무너진 순간. 중학교 때쯤이었던 것 같다. 나는 어려서부터 그림 그리는 걸 좋아했다. 하루 종일 동화책 읽고 거기서 본 그림을 그리곤 했다. 인형놀이 하면서는 옷을 만들어 입혔다. 종이인형을 직접 그려 잘라 놀기도 했다. 갖고 싶어도 사주는 사람이 없어 내가 직접 다 만든 거긴 했지만.

정말 순수하게 좋아했기에 더 충격이었다. 돈이 되지 않는다며 아빠는 이야기를 이어나갔다. 그럼 돈 되는 직업이 뭘까 생각해 보았다. 변호사, 의사 등이 되면 될 것 같았다. 이때부터 나는 사람들이 나에게 꿈을 물어보면, 그런 '돈 되는' 직업을 이야기했다. 사람들은 만족했고, 나도 만족스러운 것 같았다. 그림 그리기를 멈춘 건 이때부터다.

나는 컴퓨터 공학을 전공했다. 게임하다 선택했다. 게임 잡지를 보며 배워 용산에 직접 방문해 컴퓨터 조립을 하기도 했다. 게임 만들려고 프로그래밍 독학도 했었다. 컴퓨터 배우는 건 재미있었다. 돈도 될 수 있었고 말이다. 약간의 이질감을 느끼긴 했다. 뭔가 발현하지 못한 나의 에너지가 있었다. 공대에서 같이 공부하다가도 군중 속 외로움을 느끼곤 했다.

명상하며 이런 모든 과거들이 통합되는 느낌이었다. 예전 못해본 것들을 다시 시작해보고 싶었다. 만족하며 살았는데, 이 세상 기준 어느 정도 통과했다고 생각했는데, 진짜 내 자리에 도착하지 않은 느낌. 한편으론 얼마나 더 헤매야 정신을 차릴까 싶기도 했다. 사실 각종 아르바이트부터 온갖 자격증까지 이것저것 하지 않은 게 없었다.

한 우물 파는 사람이 얼마나 부러웠는지 모른다.

하지만 이 산만했던 모든 경험들이 나를 이 자리로 이끌었다는 걸 알아차렸다. 고통스럽고 힘들었던 기억들도 다. 나는 내가 전생에 무슨 죄를 지어서 이번 생에 이렇게 고생을 하느냐고 우스갯소리로 이야기하곤 했다. 그런데 명상에서 보니 그렇게 괴로웠기에 내가 이 자리에 있었다. 모든 과거가 이제는 고통이 아니라 축복으로 보였다.

나는 내 과거들에 찾아가 이야기해 주었다. "네가 지금 겪는 이 일로 나는 결국 행복해졌어. 이 모든 일은 이유가 있어. 어쩔 수 없이 겪어야 하는 과정이니 조금이라도 더 행복해." 어린 나에게도 이야기해 주었다. 떠올려보니 살면서 순간순간 반짝이는 알아차림들이 있었는데, 그건 어쩌면 지금의 내가 방문했기 때문일지 모른다고 생각하게 되었다.

사람들이 흔히 말하는 원죄 혹은 카르마는 너무 무겁다. 사람들은 큰 죄를 지은 듯 참회하며 산다. 나도 그랬다. 그런데 그건 내 컨디션 기복을 만들어냈다. 내 몸은 기억했으며, 시시때때로 나를 끌어내렸다.

이렇게 내 모든 과거가 필연이고 축복임을 알아차리니 나는 비로소 깊은 고통에서 해방되었다. 내 육체는 더 이상 나를 끌어내리지 않았다. 모든 것은 지도였고, 나는 그걸 따라온 것뿐이었다. 그럼에도 풀리지 않는 궁금증이 있었다. '굳이 이런 것까지는 겪지 않아도 좋았잖아.'라고 생각되는 몇 가지 경험들.

아주 큰 상처를 받았거나 극도의 수치심과 공포를 느꼈던 경험들이 떠올랐다. 굳이 그 정도까지 아니어도 이 자리 오는 데 지장 없었을 법한 극렬한 것들. 아주 아주 강렬하게 고통스러워서 평생을 잊으려고 노력해도 지워지지 않는 날 선 트라우마. 이런 게 하나가 아니었다. 떠올리면 또 떠오르는 내 인생 저주받은 자리들.

예전 내가 어릴 때 잡았던 잠자리가 생각났다. 숙제로 곤충 채집을 하여 죽은 잠자리를 핀에 꽂아 가져가야 했다. 나는 어떻게 하는지 책을 읽어도 잘 몰라서 그냥 살아있는 잠자리의 몸에 핀을 꽂아 스티로폼 판에 고정시켰다. 잠자리는 하루 종일 퍼드덕거렸다.

"개미가 밟히는 데 이유가 있니? 그냥 더럽게 운이 없었나 보지.

어쩌면 내가 그 잠자리가 된 건지도 모르고."

비아냥거리며 나에게 말했다. 전생 상상은 지긋지긋했다. 그냥 맡기면 되는데, 내가 저항했기 때문이라고 생각해 보았다. 내가 스스로 만들어내 경험한 것이라고도 생각했다. 그래도 가라앉지 않아 결국 내버려 두기로 했다. 순간 왜인지는 모르지만 내 가슴에서 빛이 반짝이는 것이 느껴졌다.

episode 12. 비법서

차크라 명상으로 몸을 돌리는데, 컵을 들고 있는 손이 보였다. 컵에서 회오리바람 같은 것이 튕겨져 나왔다. 하나 둘 여러 개가 튕겨나와 내 몸 주변을 돌았다. 마치 팽이가 멈추지 않고 도는 듯했다. 그

가운데서 내가 돌았다. 빙글빙글 춤을 추는데, 위아래로 에너지가 확
장되며 강렬한 에너지체가 되었다. 나는 마치 힌두교의 신 같은 모습
이 되어 돌판에 새겨졌다. 내가 새겨진 모습을 보는 사람들은 에너지
를 얻었다.

　내 손에서 강한 에너지가 느껴져 보았더니 불이었다. 불이 처음에
는 양손에 조그맸는데 점점 불길이 커졌다. 내 몸을 삼킬 만큼 커다
란 불이 되었다. 불이 내 몸에 흡수되었다. 에너지가 넘쳤다. 순간
나는 연필이 되었다. 내 손이 연필이 된 내 몸을 잡고 있었다. 몸을
도구로 글을 쓰기 시작했다. 미친 듯이 글이 써졌다. 내가 생각해서
쓰는 게 아닌 저절로 써지는 느낌이었다. 마치 받아 적는 듯했다. 쉬
지 않고 글을 썼고 그 글이 어찌 되나 보았다.

　장면이 달라져 누군가 흙을 파고 있었다. 흙을 파니 상자가 나왔
다. 상자에 '비법서'라고 적혀있었다. 상자를 여니 작고 도톰한 책이
나왔다. 분홍-갈색-보라가 섞인 얼룩덜룩한 모양의 표지였다. 그
책을 집어 드니 지지직하고 강한 전기가 흘렀다. 놀라 상자를 다시
묻어둔 채 그 책을 집에 가지고 들어갔다.

집에서 책을 다시 펼치니 다시 강한 전기가 흘렀다. 그 책을 가지고 가서 누군가에게 건네주었다. 누군가는 또 누군가에게 건네주었다. 누군가는 누군가에게 또 건네주어 하늘 가장 높은 곳까지 올라갔다. 거기에 신이 있었다. 신이 책을 집어 들어 펼치니 확 하고 에너지가 관통하였다. 신이 그 책을 공중에 휙 날렸다. 책은 수만 마리의 하얀 비둘기가 되었다. 비둘기들은 세계 곳곳으로 날아가 창문가에 앉았다. 그 비둘기들은 다시 책이 되었다. 사람들이 자고 일어나 그 책을 펼쳤고 다들 전기에 감전되듯이 깨어났다. 온 세상이 빛으로 가득해졌다. 수많은 것들이 해방되었다.

이 장면을 나는 그냥 바라보고 있었다. 나보다 내 책이 주체였다. 시원섭섭하기도 했다. 그런 나를 천사들이 에워쌌다. 천사들은 나를 어디론가 데리고 갔다. 무대였다. 계속 반복되는 이 장면. 나는 명상 속

에서 매우 자주 커다란 무대에서 많은 사람들에게 이야기를 한다. 그런데 이 무대는 좀 달랐다. 야외무대였고 밝았다. 심지어 나는 영어로 이야기하고 있었다. 사람들에게 이야기하는데 하트가 쏟아져 내렸다.

그리고 나는 오프라 윈프리와 앉아서 이야기하고 있었다. 그녀는 나에게 뼈때리는 질문을 했고 나는 그에 화답했다. 이어 그녀와 영혼에 대한 이야기를 나눴다. 영혼은 남성 여성이 아니며, 흑인 백인도 아니며, 중성이고 깨달음이라고 이야기했다. 우리는 서로 눈을 마주치며 지긋이 웃었다. 영적이며 강렬한 연결됨이었다.

내가 지금 운영하는 투자회사는 대체 어떤 필요가 있는가 의문이 들었다. 모임을 운영하며 이 투자라는 주제를 빼놓고 갈 수 없다는 것을 알게 됐다. 그런데 내가 명상 속에서 보는 장면은 온통 깨달음과 책, 그리고 무대뿐이었다. 내 회사에 집중해 보았다. 백조가 보였다. 하얀 백조였고 날개에 까만 물결무늬가 있었다. 목덜미에도 까만 얼룩이 있었다. 백조는 단단하고 강했다. 목덜미가 튼튼하고 굵었다. 백조가 날개를 펄럭이더니 넓은 땅을 크게 날았다. 땅이 살아났다. 그리고 지속 가능한 사업들을 살려냈다. 백조는 나를 태웠다. 나는 이 백조가 내 소명 그 자체는 아니지만, 내 꿈을 이루는 수단이라는 것을 알았다.

눈을 들어 보니 어떤 사람이 보였다. 땅까지 끌리는 긴 물결의 금발 여자였다. 여신 같은 외모와 풍채였다. 긴 천으로 만들어진 고대 그리스 스타일의 하얀 원피스를 입고 있었다. 배를 보니 불룩하여 임신한 듯했다. 그녀는 내 손을 잡아끌었다. 당신은 누구냐고 물으니, 자기는 '모성애'라고 했다. 그러더니 나도 자기라고 말했다. "내가 모성애라고?" 내 아이를 키울 땐 그렇지만 한참 부족하다고 대답했다. 그러자 그녀가 어떤 사람이든 조건 없이 사랑하잖냐고 이야기했다. 그건 맞다고 했다. 그랬더니 그게 모성애라고 그녀가 이야기했다. 그 이야기를 듣고 보니 내가 그녀의 모습이었다. 그녀는 온데간데없었다. 내 목에 파랗고 큰 구슬이 걸려있었다. 사람을 떠올려 구슬을 바라보면 구슬 안에 그 사람이 나타났다. 그리고 그는 깨끗해져 아기가 되었다.

존재는 한계가 없다

　스무 살 초반 사주를 자주 보러 다녔다. 당시 온라인으로 사주보는 사이트가 있었다. 유료 결제하면서 온갖 종류의 점은 다 보았다. 내 사주는 물론 토정비결 그리고 당시 남자친구와의 궁합까지. 가족 생년월일 다 끌어와서 연결을 지어보곤 했다. 온라인으로는 더 이상 알 것이 없을 정도가 되었다.

　이후 사주카페 다니면서 점을 보았다. 친구에게 소개받아 찾아간 곳도 여러 개. 사주는 정해진 학문이라 비슷했다. 그런데 사람마다 해석이 조금씩 다르다는 걸 알게 되었다. 공통적으로 나에게 하는 얘기가 있었다. '부모 복이 없다.', '고생을 많이 한다.' 등이었다. 들으면서 고개를 연신 끄덕거렸다.

그러다 어떤 한 사람을 만났는데, 나한테 처음으로 조금 다른 이야기를 했다. '기도를 많이 하라.'고 조언한 것이다. 그게 당시는 무슨 말인지 몰랐다. 단지 다른 사람들과 다르게 해석해서 알려준다고 느꼈다. 나중에 타로를 보면서 구체적으로 알게 되었다. 모든 타로 카드는 양면적인 해석이 가능하다. 정방향이 있으면 역방향이 있는 법이다. 긍정적인 것은 부정적인 것이 되기도 하고, 또한 부정적인 것은 긍정성을 내포하기도 한다.

이처럼 사주도 양면성이 있는데, 나는 오로지 나쁘게 얘기한 사람만 만났다는 생각이 들었다. 물론 좀 다른 사람을 마지막 만나서 다행이었다. 이후 신점을 보러 가서는 또 생각이 달라지게 되었다. 신점을 보러 가면 나에게 늘 '잘 된다'고 이야기하는 것이다. 일반 사주와 정 반대의 반응이었다. 물론 신점에서도 사주를 보기는 했다. 그런데 조상신의 이야기를 듣는 거라 참고 정도인 듯했다.

그러다 〈더 시크릿〉을 읽고 끌어당김을 배웠다. 론다 번의 책을 모두 독파했다. 이후 네빌 고다드나 조셉 머피 등 관련 전문가들의 책을 읽고 실행했다. 이 세계는 또 달랐다. 사주나 신점의 영향이 미치지 않는 것이다. 예를 들어 밥 프록터에게 배운 〈더 플러스〉의 조성희는 자신의 사주가 좋지 않았다고 말한다. 이를 끌어당김 공부를 하며 극복해 다른 인생을 살게 되었단다. 그녀뿐 아닌 많은 사람들이 끌어당김의 법칙으로 운명의 영역에서 벗어난다는 걸 알게 되었다.

나 역시 이때부터 사주를 벗었다. 명상을 하면서는 더욱 내가 주체가 되었다. 내가 명상을 시작하고 주도권을 잡자, 조상신들마저 오히려 나를 도와준다는 느낌을 받았다. 이후에는 이 모든 것이 믿음의 영역이라는 걸 알았다. 각각 믿는 차원들이 보였다. 내가 믿고자 하는 걸 믿으면 되고, 그 주체가 내 존재라는 것만 잊지 않으면 되었다.

이렇게 운명에서 벗어나며 한계가 없다는 걸 알게 되었다. 그리고 명상에서 경험하는 것이 내 삶에 포함되게 되었다. 이를테면 명상에서 이룰 수 있는데, 굳이 현실에서 이룰 필요 있을까 생각이 든 것이다. 물론 원하면 현실에 차츰 반영되었지만 말이다.

이전 '투구 게의 파란 눈물'이라는 동물실험 기사를 읽었다. 백신을 개발할 때 병원균을 확인하기 위해 투구 게의 파란 피가 쓰이는데,

오랜 시간 묶어두고 피를 뽑는다. 처참한 사진에 나도 모르게 빨려 들어가 관련 기사들을 검색하기 시작했다. 멈출 수 없었다. 앞서 이 야기한 것처럼 나는 예전 동물단체에서 활동하다 앓아누운 경력이 있다. 이후 관련 영상이나 이미지 보는 걸 자제했었다. 그런데 내 형편이 좀 나아지고 정서적으로 안정되니 스스로 컨트롤할 수 있다고 생각했나 보다.

동물실험 기사를 보다 비글 실험에 대한 내용을 읽었다. 원숭이, 고양이, 토끼 그리고 만만한 쥐까지 인간은 다양한 동물들을 이용했다. 이 동물실험은 동물법 사각지대이고, 은밀하게 행해져 제대로 된 보호 조치를 받지 못하고 있다는 걸 알았다. 나는 수많은 자료를 보고 결국 또다시 앓아누웠다. 그들의 고통이 온몸으로 느껴졌다. 이렇게 힘들 바에야 차라리 죽으면 좋겠다고 생각하며 잠이 들었다.

다음 날 정신이 돌아왔을 때 나는 반짝임을 느꼈다. 뭔가 방법이 있을 거라 생각이 들었다. 다시 검색을 시작했다. 동물실험을 대체하는 방법이 있었다. 기술이 많이 발달했으며, 단지 인식 바꾸는 것이 중요하다고 전문가들은 이야기했다. 동물실험 대체기술 가진 회사들을 검색해 투자 가능 여부를 보았다. 모임 회원들에게도 알려주었다. 그리고 긍정 확언 노트를 꺼냈다. 22년 7월 31일 날짜를 적고 100번 반복해 썼다.

"이미 대체실험세상 감사합니다."

이렇게 내가 간절히 바라는 바를 적고 명상을 했다. 모두 이루어졌다고 상상하는데, 내 생각이 큰 에너지가 되어 하늘로 솟아올랐다. 온 세상에 눈처럼 소복이 뿌려져 저며 들었다.

긍정 확언을 쓰고 6일이 지난 8월 6일 네이버에 기사가 하나 올라왔다. '인간이 '파란 피' 뽑은 멸종위기종…, 투구게 대체할 방법 있다.'라는 제목이었다. '서보라미의 동물대체시험'이라는 코너도 생겼다. 나는 놀라 운영하는 카페에 공유하고 모임 회원들에게도 알려주었다. 상상이 세상에 영향을 미칠 수 있다는 큰 체험이었다. 이후에도 여러 번, 선한 상상이 이런 방식으로 드러남을 경험했다.

이런 경험들로 '나'의 경계가 사라졌다. 남이 느끼는 것을 나도 느끼는 것이다. 앞서 동물실험에서 동물들이 느끼는 걸 나도 느낀 것과 같다. 내가 느낀 걸 남이 경험하기도 한다. 그리고 내가 원하는 것들이 다양한 개체를 통해 자연스럽게 다가왔다. 이렇게 되니 몸에 힘을 뺄 수 있었다. 그리고 보다 더 전체의 관점에서 생각하고 바라게 되었다.

언젠가 '이미 모두 행복해서 감사합니다.'라고 긍정 확언을 끊임없이 썼던 때가 생각났다. 사람들 힘든 것이 괴로워서, 동물들이 안타까워서, 자연이 아파 보여서, 그래서 궁극적으로 내가 힘들어서 그랬다. 나는 사실 모두를 위하는 큰마음 따위는 없었다. 나 살기 바빴고 삶이 억울했기 때문이다. 그런데 실상을 보기만 하면 아팠다. 눈 막고 귀 막고 입 막고 나만을 위해 살았다. 일단 살아야 했다. 살려고 명상하고 의식을 공부했다.

다시 생각하니 순야 마스터의 이전 대답이 조금 와 닿았다. 결국 사람들을 깨우는 것밖에는 할 일이 없다는 말. 결국, 나를 위해 그렇게 모두의 행복을 기원했는데, 그게 전체를 위하는 마음이 되었다. 그건 내가 모두가 되었기 때문이었다.

4. 존재의 자유 I

화요일 오전 10시, 여전히 순야 마스터와 명상 일정이 있었다. 오늘은 친정엄마 생일이었다. 생일 축하한다는 메시지와 함께 조만간 만나 이야기하자고 톡을 보냈다. 이제 일대일 명상은 5번 남았다. 약 3분의 2를 진행했는데, 마치 세상의 모든 걸 통째로 지나온 느낌이었다.

episode 13. 전생여행

오늘은 순야 마스터의 안내로 전생 여행이 시작되었다. 처음 보이는 것은 여자아이였다. 해맑게 뛰고 있었다. 그러다 앞에 불타는 집이 보였다. 아이의 집이었다. 부모님이 안에 있었다. 누군가 불을 질러 가족을 죽이고자 한 것이었다. 아이는 눈이 동그랗게 되어 놀랐다 이내 고통에 울부짖었다. 어떤 건장한 남자들이 아이를 붙잡아 끌고 갔다. 이후의 장면이 궁금했으나, 보길 그만두었다. 내가 현생에서 겪었던 부모님과 떨어져 세상에 던져진 고통이 이것과 연관된 것으로 느껴졌다.

나는 고문을 당하고 있었다. 처음엔 물고문이었다. 몇 번을 물에 담겼다 건져졌다. 고문하는 사람들이 내게 일관되게 물었다. 그걸 어디 숨겼냐는 것이었다. 기밀문서인 듯했다. 나는 끝까지 묵묵부답이었다. 고문이 이어졌다. 이번엔 매달려 빙글 돌았다. 내 몸이 군데군데 터져 피가 흘렀다. 그래도 나는 한마디 하지 않았다. 결국 그들은 내 성기의 일부분을 도려냈다. 수치스럽고 고통스러웠다. 불구가 되었지만, 나는 일절 입을 열지 않았다. 어떻게 해도 통하지 않자, 그들은 내 딸 이야기를 꺼냈다. 끔찍한 일을 당하게 될 거라고 협박했다. 나는 결국 거기서 무너졌다. 딸과 살아 도망치는 행복한 모습이 떠올랐다. 가느다란 실낱같은 희망이라도 붙잡고자 했다. 그 기밀문서가 있는 곳을 이야기하고 약속을 지켜달라 말했다. 그러자 그들은 비웃으며 나를 죽였다.

영화 글래디에이터 마지막 장면처럼, 황금빛 들판을 손으로 쓸고 있었다. 나는 어른 여자이자 엄마였다. 넓은 평원에 아이들과 함께였다. 한 아이가 내 앞으로 뛰어가고, 나는 어린아이를 안고 있었다. 평화롭고 행복했다.

또 나는 학자였다. 글을 썼다. 진리를 써서 높은 분께 올렸다. 그 글로 인해 나는 처형되었다.

나는 주정뱅이였다. 부랑자이고 쓸모없었다. 폭력을 휘둘렀다. 사람들은 나에게 험한 꼴을 당했다.

나는 삐에로였다. 계속 웃고 있었다. 내 감정은 아랑곳없었다. 사람들은 내 겉모습만 보며 웃었다. 그 사람들이 사악하게 느껴졌다. 나의 슬픔과 외로움은 가슴 깊은 곳에 묻혔다.

전생이 너무 많이 보였다. 사실 처음에는 몇 개 외에는 잘 보이지 않았다. 그런데 내가 헤매자 콩순이같이 머리를 양 갈래로 묶은 여자아이가 나타났다. 나를 데리고 다녔다. 나중에 콩순이에게 물었다.

나 : 너는 누구지?

콩순이 : 나는 너야.

나 : 네가 나면 왜 내가 네 도움을 받는 거지?

콩순이 : 네 마음에 빗장이 있어서 그렇지.

나는 재상이었다. 얼굴이 곱고 수려한 옷을 입은 남자였다. 재물을 다루는 일을 했다. 돈을 위해 일했으며 돈에 죽고 살았다. 나는 돈이나 다름없었다. 뭔가 가슴 깊은 곳 허무함이 느껴졌다.

첫째 아이와의 전생 경험을 보고자 했다. 첫째 아이와 나는 절친이었다. 둘이 죽고 못 살았다. 그러다 내가 먼저 죽었다. 남은 사람도 그렇지만, 더 그리웠던 쪽은 먼저 간 나였다.

둘째 아이는 전생에 나와 연인지간이었다. 그는 외모가 아름답고 재능이 있었다. 여자가 늘 따라다녔다. 그는 나에게 진심이었는데, 나는 그를 믿지 못하고 늘 두려워했다. 현생에서 많이 믿어주어야겠다 자각했다.

전생에 나는 남편에게 빚을 졌다. 갚을 것이 있었다. 그게 뭔가 보려 했는데 '마음'이라는 단어가 떠올랐다. 갚지 못한 것은 바로 나의 마음이었다.

반려견 깨비와 삐삐도 떠올렸다. 그들도 전생 경험이 있었다. 전생에 내가 마음을 두었던 물건이기도 했고, 미물이기도 했다. 물건에도 영혼이 깃든다고 자각했다. 세상 모든 것은 신의 손길이라는 생각이 들었다.

순야 마스터와의 전생 경험도 궁금해 떠올려보았다. 마스터는 나와 함께 비밀문서를 원통형 기다란 통에 가지고 있었다. 각각 손으로 잡고 잘 지키자 이야기했다. 나는 지키지 못하고 결국 생을 마감했지만, 마스터는 그렇지 않았다. 다행이라 느꼈다. 지금 내가 헤매다 만나 도움받는 것이 운명이구나 느꼈다.

또한, 나는 바닷가에 발을 담그고 서 있었다. 아름다운 옷을 입은 높은 지위의 영향력 있는 여자였다. 바닷물이 손에 들어왔다 빠져나갔다. 그 물결을 바라보며 목이 멨다. "바다야, 너는 자유롭구나." 나는 감옥에 갇힌 듯한 삶을 살고 있었다. 나의 꿈은 자유였다.

떠올려보니 왜 내가 지금 이 자리에 있는지 알 수 없었다. 대단한 전생이 없는데 나의 깨달음은 밝았다. 내 전생은 온통 고통이고 평범했다. 그러자 콩순이가 나에게 그건 네가 그렇게 되기로 결정했기 때문이라고 말했다. 그러면서 내 전생을 한눈에 쫙 보여주었다. 내 전생들이 카드들을 세워놓은 듯 온 공간에 펼쳐졌다. 개수를 셀 수 없었다. 내가 이렇게 수많은 삶을 지나왔다니. 그래서 내가 여기에 있구나 자각했다.

나는 이제 더 이상 고통이 없다는 생각이 들었다. 그럼 내가 예전 깨닫기 전이어서 고통을 겪은 거냐 물으니, 콩순이가 그렇다고 이제는 아니라고 했다.

김만덕을 보았다. 김만덕은 재산을 모아 가장 힘든 때 제주 도민의 구호와 빈민들을 위해 기부했다. 아름다운 노블리스 오블리주였다. 김만덕 영혼이 전체가 아닌 일부를 통해 느껴졌다. 콩순이에게 묻자, 영혼을 나누면 한쪽은 완전해지고, 한쪽은 아닐 수 있다는 것을 알았다.

과거가 존재한다면 미래도 만날 수 있을 거라는 생각이 들었다. 콩순이와 함께 이번에는 미래를 향했다.

내가 쓴 글과 나눔이 큰 불길이 되었다. 마치 모닥불처럼 이를 중심으로 사람들이 몰려들었다. 온기를 느끼려는 듯했다. 사람이 많아져 경계 안으로 다 들어오지 못하고 기다리는 이들이 늘어났다. 불길을 중심으로 경계 안의 사람들이 빙글빙글 춤을 추었다. 마치 아프리카 원주민들의 춤처럼 단순하고 상징적이었다. 전체의식이 느껴졌다.

장면이 바뀌어 나는 퍼스트 클래스 비행기 안에 있었다. 옆에는 순야 마스터가 있었다. 이 비행기를 타고 날아가 세계적인 의식 지도자들을 만났다. 그들과 사진을 찍고 SNS에 올렸다. 영어로 유창하게 대화했고 서로를 마치 형제를 만난 듯 반가워했다.

이 장면들을 보며 나의 감정이 어떤가 들여다보았다. 함께여서 좋았다. 혼자 가면 심심할 텐데 함께니 두렵지 않았다. 또한 감사했다. 이런 시대에 태어나 소신껏 이야기할 수 있어서 감사 또 감사했다. 성공해서 기쁘고 신나는 마음보다는, 따뜻하고 감사한 평화로운 마음이었다. 이 감정을 기억에 남겼다.

수많은 전생 카드들을 보았다. 도착했다는 생각이 들었다. 전생들이 희미해지더니 사라졌다. 플래시가 비치듯 현재의 나에게 빛이 비쳤다. 모든 것이 통합되고 현재의 나로 존재했다.

졸졸 흐르는 약수를 받아 마셨다. 내 몸에 빛이 퍼지고 기운이 솟아났다. 콩순이가 나에게 소원을 하나 말해보라 했다. 최근 투자 일을 조금 내려놓고 명상과 글쓰기에 집중했다. 조금 더 집중할 수 있었으면 했다. 전환의 시기라 자금 융통에 기복이 있었다. 이 시기만 지나면 괜찮을 걸 알지만 확신이 필요했다. 나는 '풍요'를 말했다.

나는 돛단배를 타고 큰 강 한가운데 이르렀다. 모든 것에서 멀어졌다. 그 자리에 그대로 편안히 고요히 있었다. 나를 막는 것은 아무것도 없었다. 모든 건 자동으로 자연스럽게 돌아갈 것임을 알았다. 모든 것에서 자유로움을 느꼈다.

내가 글로 책을 쓰면 이미 진리가 아니지 않냐는 질문이 나왔다. 언어의 한계 때문이었다. 그건 상관할 필요 없다고 대답이 올라왔다. 내 존재가 진리이자 증명이라는 자각이 있었다.

내가 겪은 임사체험

전생을 경험하고 나서 문득 내가 스무 살 즈음 겪은 일이 떠올랐다. 나는 당시 살을 빼고 있었다. 아랫배가 유달리 빠지지 않았다. 나는 줄넘기까지 해가며 열심히 운동했다. 그런데 이상했다. 살이 빠지면 빠질수록 아랫배가 더 튀어나와 보이는 것이다.

뭔가 이상하다는 생각이 들었다. 하늘이 도운 걸지도 모르겠다. 평소 같으면 그냥 그러려니 하고 말 텐데, 병원에 가 진찰을 받았다. 산부인과 굴욕 의자에 앉아 아랫배 초음파 검사를 했다. 의사는 한참을 보았다. 그러더니 나에게 큰 병원에 가보라고 했다. 난소에 혹이 있다는 것이었다. 의사는 소견서를 써 주었다. 큰 병원에 가서 검사를 받았다. 혹이 13센티였다. 아프지 않았냐고 물었다. "아니요." 멍하니 대답하며 나는 수술 날짜를 잡았다.

 수술비는 약 200만 원. 돈이 없었다. 여기저기 수소문했고, 결국 미국 사는 엄마가 와서 도와주었다. 엄마도 돈이 없어 작은이모에게 빌렸다. 나는 복강경 수술을 하기 위해 입원했다. 입원환자 중 내가 가장 어렸다. 수술 당일 아침 약을 먹고 기구를 넣어 자궁을 벌렸다. 그런 고통은 처음이었다. 나는 아프고 서러워 병원 침대에 웅크려 엉엉 울었다.

 수술이 끝나고 나는 다시 병원 침대에 돌아왔다. 수술이 잘 되었다고 했다. 내가 아직 어리니 최대한 난소를 살리려고 조심히 떼어냈단다. 안심하고 나는 잠이 들었다.

 내 주변 부산스러운 움직임이 느껴졌다. 드문드문 우는 엄마 얼굴이 보였다. 간호사 몇과 의사 두 명 정도가 나를 에워싸고 있었다. 그들은 급한 목소리로 뭐라 말하며 내 병원 침대를 끌고 뛰었다. 엘리베이터에서 내 환자복을 자르고 찢기도 했다.

'내가 죽나 보구나.'

나는 그 모든 광경을 그냥 평온하게 바라보고 있었다. 움직이거나 말할 수 없는 상태였다. 의식이 돌아왔다 나갔다 했다. 아무런 상관 없었다. 정지된 듯 고요했고, 다른 차원이었다.

나는 결국 살아났다. 수술 부위 지혈이 잘 되지 않은 것이 문제였 다고 했다. 의식을 잃은 나를 엄마가 발견해 의사에게 알렸다. 재수 술은 성공적이었다.

입원 기간 같이 놀던 수많은 친구들 중, 연락하고 찾아온 이는 단 두 명. 매일 술 먹고 나이트 다니던 영양가 없는 관계에서 내가 우정 을 기대했던 걸까. 퇴원해 가장 먼저 친구 관계를 정리했다. 대신 찾 아온 그들을 살뜰히 챙겼다.

그리고 하기 싫은데 억지로 하던 일도 그만두었다. 당장 생활할 돈 이 없었지만, 빌붙어 버렸다. 이가 없이 잇몸으로 버틸 수 있다는 걸 이때 알았다. 그 와중에 몸이 안 좋지만 뭐라도 하려고 이벤트 응모에 열을 올렸다. 몇 개월 하다 보니 능숙해지고, 성과가 좋아 놀랐던 기억이 난다.

뭐가 되었든 망나니 같은 인생이 나를 이곳으로 이끌었나보다고 생각했다. 과감히 정리하고 다음 단계로 나아가야 한다는 걸 무의식중에 알았다. 꼭 이렇게 죽음을 경험하면서까지 그래야 했는지는 알 수 없었지만, 가장 암울한 바닥에서 나는 그렇게 나왔다.

주변의 혼란에도 평온하던 그 느낌. 이 세상 차원이 아니던 그저 바라보던 나 자신. 삶에 찌들어 한동안 잊고 있었다. 일대일명상을 하며 깊게 명상에 들어갔을 때 느낌이, 내가 죽을 때 겪었던 느낌과 매우 비슷하다는 걸 알아차렸다. 혹시 내가 그 느낌을 찾아 여기까지 온 건가?

죽음은 두려운 것이 아니었다. 죽음이 뭔지 몰라 상상하는 것이 두려운 것이었다. 물론 정말 고통스럽고 공포를 경험할 수도 있다. 나는 이때 이후 다른 수술 회복 중 기도가 막혀 또다시 죽을 뻔한 적이 있다. 하지만 그때는 온갖 발버둥을 쳐 사람들이 알아 살아났다. 이때와 그때의 차이는 정말 죽는 상황이냐 아니냐의 차이였다. 막상 진짜 떠날 때는 생각보다 편안할 거라고, 여러 번 죽다 살아난 내가 이야기한다.

episode 14. 두려움

"예쁘시네요."

누군가 이야기하는 소리가 들렸다. 머리를 곱게 빗어 묶은 백발의 할머니가 보였다. 그 할머니를 돌보는 요양사가 말한 것이었다. 할머니는 휠체어에 앉아 있었다. 좋은 옷에 구급 담요를 덮고 있었다. 순간 여기가 어딘가 두려움이 올라왔다. '요양원인가?'

나 : 여기가 어디죠?

요양사 : 여사님 집이지 어디예요.

내 집이었다. 내가 할머니였다. 왜 내가 휠체어에 타고 있지? 내가 평소 명상에서 보던 내가 늙은 모습과 달랐다.

나 : 내가 왜 휠체어에 타고 있죠?

요양사: 넘어지셨잖아요.

나 : 우리 아이들은 어디 있어요?

요양사 : 오늘 저녁에 방문할 예정이에요.

안도감이 들었다. 순간 요양사의 얼굴이 일그러지고 괴물같이 흉측한 모습이었다. 공포영화가 따로 없었다.

나 : 당신은 누구죠?

요양사 : 두려움.

요양사는 두려움이었다. 아, 내가 두려워하는 장면이구나. 늙어 몸을 못 가누고, 홀로 되어, 요양원에 맡겨지는 것이 두려움 중 하나라는 자각이었다. 최악의 상황이 떠올랐으나, 정신을 똑바로 차리고 요양사의 대답을 들었다. 그래서 '나은' 이야기로 장면이 구성되었다고 생각이 들었다. 그런 내 마음을 읽었는지 '두려움'이 말했다.

"잘 빠져나오시네요."

그 이야기를 듣고 미소 지었다. 요즘 나는 사람들과 대화할 때 '잘 빠져나오는' 경험을 하곤 한다. 어떤 의도 혹은 부정적 생각을 알아차리고 걸려들지 않는 것이다. 혹은 워낙 긍정적이어서 어떤 대화를 나눠도 결국 상대가 할 말이 없어지기도 한다. 이번에도 잘 빠져나왔다는 알아차림이었다.

두려움은 '기회'로 변했다. 기회와 여기저기를 다니기 시작했다. 기회와 이 세상 가장 밑바닥에 내려갔다.

이 세상 가장 밑바닥은 매우 끈적끈적했다. 마치 파리지옥 식물에 걸려든 것 같았다. 기회에게 물었다.

나 : 왜 이렇게 바닥이 끈적끈적하지?

기회 : 그래야 힘을 주어서 여길 나가지요.

아이러니한 대답이었다. 끈적끈적 바닥에서 힘을 주어 다리를 끌어올리자, 발이 땅바닥에서 겨우 떨어졌다. 그래, 이렇게 힘을 줘야 나갈 수 있다는 거지…

나 : 신은 잔인한 것 같아.

기회 : 사람들이 그걸 원하더라고요.

나 : 나 여기서 빠져나가고 싶어. 어떻게 해야 해?

기회 : 많이 해보셨잖아요.

내 옛날이 주마등처럼 떠올랐다. 마음먹으면 나갈 수 있지. 벽을 잡고 기어오르기 시작했다. 온 힘을 다해 끈적한 발을 떼어냈다. 저 멀리 바닥에서 여전히 뒹구는 사람들, 그리고 기어오르는 사람들이 보였다.

나 : 저들을 어쩌지? 도움이 필요한 거 아냐?

기회 : 자신부터 구하세요.

뜨끔했다. 정신 차리고 다시 집중해 벽을 기어올랐다. 위에 도착하자 작은 터널이 있었다. 그 터널을 빠져나갔다. 빛의 뿌연 공간이 나타났다. 그때 내가 오늘 가지고 온 '얹힌 감정'이 떠올랐다. 그 얹힌 감정은 주님을 외치는 독실한 기독교 지인에 대한 나의 마음이었다.

그는 무슨 이야기를 할 때마다 주님의 영광과 사랑으로 해석하고 마무리 지었다. 그는 자신을 돌아보지 않고 남탓을 하곤 하는데, 늘 진정한 자신에 대한 자각보다는 주님을 외부에 두는 것과 비슷하다. 나는 그와 만남 이후 점심을 먹다 살짝 얹혀버렸다.

그 얹힌 감정을 잘 빼내어 일대일 명상에 가지고 왔다. 순야 마스터는 내 이야기를 듣더니, 그 행동의 원인이 된 이를 직접 만나 이야기해보라 조언했다. 그래서 얹힌 감정을 앞에 내려놓고 불렀다.

나 : 예수님!

밝고 희뿌연 공간에서 예수님이 나타났다. 점점 나에게 가까워졌다. 이거 예수님이 준 거니 가져가라고 이야기했다. 그러자 예수님이 그 엎힌 감정을 품에 안았다. 그리고 나에게 선물을 주었다. 작은 돛단배 모형이었다. 그리고 예수님은 사라졌다. 그 모형 안에 '먹지 마시오.'라고 쓰여 있었다.

나 : 먹지 말라니 먹고 싶네? 왜 이런 쪽지가 붙어있지? 장난이야, 뭐야?

슬쩍 깨물어보려고 했다. 그러자 기회가 나에게 말했다.

기회 : 그거 먹지 마세요! 저기 갖다 버리세요! 매우 흉물스러워요!!

이 이야기를 듣고 나는 돛단배 모형을 멀찌감치 내려두었다. 그러자 그 돛단배는 큰 배가 되었다. 가만 보니 그 배에 엄청 많은 사람들이 기어오르고 있었다. 구원 '받으려'는 사람들이었다. 그 배에 타면 구원받는 줄 알고 있었다. 이미 오른 사람들은 발로 차며 사람들을 찍어 내렸다. 어떻게든 다시 올라온 이들은 기존에 있던 사람들을 아래로 떨구었다. 그렇게 끝도 없는 싸움을 무한 반복하고 있었다. 이게 뭔지 다시 물어야겠다는 생각이 들었다. 예수님을 다시 불렀다.

나 : 이거 왜 저 주신 거예요?

예수님 : 나도 어쩔 수 없어서 너에게 준거야.

아, 그 사람들은 구원을 외부에 바라고 스스로는 하지 않는다는 걸 알았다. 그건 예수님도 어쩔 수 없었다. 마음속에서 말이 떠올랐다.

"스스로 구원해야 자유로워질 수 있어."

궁금증이 생겼다. 그럼 저런 사람들은 그대로 그냥 그렇게 살아가는 건가? 이 세상은 그래서 끝도 없이 반복될 뿐인 건가?

거북이의 등에 탔다. 거북이와 바다를 헤엄쳐 가는데 바다의 색이 바뀌었다. 한참 가다 또 바뀌고 또 바뀌고 또 바뀌었다. 그렇게 계속 헤엄치고 오색찬란한 바다를 연속으로 경험했다. 끝이 없다는 생각이 들었다. 그러다 순야 마스터의 안내를 들으며 환한 빛으로 들어가면서 차원이 달라졌다.

푸하~ 숨을 내쉬며 얼굴을 내밀었다. 호수에서 나왔다. 앞에 부처님이 앉아 명상을 하고 있었다. 그 유명한 보리수 아래 깨달음의 장면이었다. 행여나 들킬까 방해될까 숨죽여 바라보았다. 잠시 후 부처님은 명상을 마치고 일어났다. 몸을 툭툭 털었다. 어디로 가는지 궁금해 쫓아갔다. 생활을 면밀히 관찰하였다. 부처님은 보통 사람들과 다르지 않았다. 밥 먹고 배변 활동하고 사람들에게 이야기했다. 말에는 진리가 묻어있었다.

부처님은 처음에 잘 아는 이들과 팀을 꾸렸다. 이후 사람이 하나둘 많아졌다. 그 행보를 모두 지켜보니 지금의 나와 다를 바 없다고 느꼈다. 부처님과 이야기가 하고 싶었다. 몸을 모두 가리고 야밤에 부처님의 방으로 들어갔다.

부처님 : 누구요?

나 : 미래에서 왔습니다.

부처님과 이야기를 시작했다. 나는 먼저 많은 사람들을 깨워줘서 고맙다고 인사했다. 그런데 사람들이 부처님 동상을 만들고, 거기에 의존해 자기 자신을 깨닫지 못하고 있다고 이야기했다. 부처님은 지금도 그런 사람들이 있다고 말했다. 하지만 어쩔 수 없다고, 그들이 그렇게 선택한 것이라고 했다. 나는 이미 부처님이 알고 있으니 괜찮겠구나 생각이 들었다. 제자들을 잘 가르쳐달라고 이야기하고 방을 나왔다.

방을 나와서 부처님이 죽기 전, 각자 자신과 진리를 등불로 삼고 의지하되, 다른 것에 의지하지 말라고 언급한 것이 생각났다. 내가 부처님을 지금 만나 이야기했기에 잊지 않고 그 얘기를 한 것이 아닌가 생각이 들었다.

장면이 바뀌어 나는 예수님을 다시 만났다. 그는 넓은 들판에 제자들과 앉아 있었다. 멀리서 지켜보다가 자리를 이동할 때 쫓아갔다.

맨 뒤에 있던 예수님이 나와 마주쳤다. 나는 다짜고짜 물었다.

나 : 어떻게 물질화를 하시나요?

예수님 : 집중하면 된다.

장면이 바뀌어 커다랗고 탐스런 복숭아가 주렁주렁 열려있는 나무가 있었다. 복숭아를 바라보는데, 그 옆에 복숭아나무를 지키는 소인이 있었다. 그는 나에게 복숭아를 하나 먹으라고 말했다. 이걸 먹으면 모두를 구원할 수 있단다. 나는 고민했다. 굳이 내가 그런 번거로운 일을 해야 할지 망설여졌다. 소인은 나에게 복숭아 두 개를 건네주었다.

복숭아 두 개를 손에 쥐었는데, 하나가 껍데기에서 터지더니 '퐁~' 하고 둥그런 원이 튀어나왔다. 그것이 하늘로 올라가 달이 되었다. 또 다른 복숭아 하나도 껍데기에서 튀어나오더니 하늘로 올라갔다. 이번엔 태양이 되었다. 그 두 복숭아를 바라보며 지구가 하나 필요하다는 생각이 들었다. 내가 만들어야겠다고 생각했다. 집중해서 지구를 만들어냈다. 앞서 예수님에게서 배운 물질화 방법이었다. 나 스스로 전지전능함을 느꼈다.

"이런 이야기 써도 될까요?"

순야 마스터에게 물었다. 명상에서 나는 한계가 없었다. 그리스도와 붓다도 자유롭게 만나 이야기했다. 그런데 이런 이야기를 과연 세상에 해도 좋을지 고민되었다. 얼마 전 전생 여행에서 고문당하다 기밀을 지키지 못하고 죽은 경험이 떠올랐다. 어쩌면 지금 그때 해결하지 못한 에고의 두려움을 경험하는 것일지 모른다고 생각했다.

온갖 상상이 올라왔다. 예전 마녀사냥을 하던 중세시대, 진리를 지키려다 혹은 말하다 죽은 목숨들, 마치 내가 아빠를 아빠라 부르지 못하던 것처럼.

친할머니가 돌아가셨을 때, 아빠 회사 사람들이 장례식장에 많이 왔었다. 아빠는 인기가 많고 리더십이 있어 보였다. 각종 학위와 자리가 그걸 말하기도 했다. 단 한 가지, 나의 존재를 숨기는 것만 빼면 아주 완벽했다. 아빠는 그 사람들에게 나를 큰아빠의 딸이라고 소개했다. 내게 사람들 있는 앞에서 아빠라 부르지 말라고 디테일한 주문을 하였다. 친할머니가 갑자기 돌아가신 것도 충격이었지만, 아빠의 그런 행동에 나는 말 못 할 상처를 받았다. 화장실 가서 몰래 울던 기억이 난다. 서러워 눈물도 제대로 나지 않았지만.

'내 이야기로 누군가 상처받을 수 있겠지. 어떤 사람에게는 그 세상이 전부일 테니까. 어떻게 하면 지혜롭게 헤쳐나갈 수 있을까? 모두가 행복할 방법은 뭘까? 이제 더 이상 나 혼자 화장실 가서 몰래 울고 싶진 않거든.'

이런 이야기 써도 되겠냐는 질문에 순야 마스터는 빙그레 웃었다. 그는 두 세계를 다루는 아름다운 이야기이며, 근원적인 깨달음에 대한 것이니, 더 많은 이들과 나누라고 말했다. 이 세계에서의 모든 것도 허상이고, 알 수 없는 다른 차원의 이야기 또한 허상임을 깨닫기 위한 그 과정에는 모든 것이 문제가 될 수 있다며, 오직 문제 아닌 것은 깨달음 뿐이기에 문제가 생기면 본인이 안내했다고 말하라 했다.

그의 말에서 힘들고 위험한 길 묵묵히 걸어온 모질고도 담담한 세월
이 느껴졌다. 그에게 깊은 감사와 존경을 보냈다.

역설

깊게 명상을 체험하며 잠이 줄어들었다. 식욕도 줄었다. 내 몸이 깨어있는 느낌이었다. 많이 자고 먹지 않아도 에너지가 넘치며 컨디션이 좋았다. 나는 원래 야행성 인간이었다. 자정을 지나 새벽 2시에서 4시 사이에 자곤 했다. 아침형 인간이 있으면 저녁형 인간이 있는 법이라고, 저녁형 인간은 창조적이라고 스스로에게 말했었다. 그리고 딱 8시간 자고 일어났다. 8시간 잔 사람들이 건강하다는 자료를 읽었다. 나는 과학 신봉자였다.

그런데 명상하며 그런 나의 모든 생각들이 에고이자 고정관념이라는 것을 알아차렸다. 아이 낳고 오랜 기간 밤에 제대로 잠자지 못했다. 밤마다 깨서 우는 아이 둘 키우고 나니, 당분간 잠을 푹 자고 싶다는 꿈까지 생겼다.

그래서인지 아이들이 통잠을 자기 시작하며, 나는 잠을 주체할 수 없었다. 아이들을 재우며 밤 10시에 자서 아침 아이들 깰 때까지 하염없이 잤다. 10시간, 11시간, 아무도 안 깨우면 12시간도 잤다. 이렇게 오래 자고 일어나면 머리가 너무 아팠다. 그래도 계속 더 잘 수 있었다. 잠자면서 기분이 너무 좋았기 때문이다. 그러면서 나는 알게 되었다. 잠도 음식처럼 원하면 원하는 대로 빠져들 수 있다는 걸.

그러던 어느 날, 이제 그만 자고 싶다는 생각이 들었다. 명상하며 새벽 예불에 참여하고 싶었다. 새벽 5시까지 가려면 4시에는 일어나야 했다. 당시 나는 끌어당김을 연습하고 있었으므로, 다음 날 내가 원하는 시간에 일어날 수 있는지 테스트해 보았다. '나는 내일 7시에 일어난다.'고 상상하며 잤다.

다음 날 깨서 시계를 보았는데, 정확히 아침 7시였다. 알람은 설정하지 않았었다. 너무 놀랐다. 나는 몇 개월 동안 잠에 빠져 헤어나지 못하고 있었다. 그런데 내가 일어나겠다 마음만 먹으면 되는 거였다니. 탄력을 받은 나는 다음 날 6시에 일어나기를 테스트해 보았다.

다음 날 깨서 시계를 보니 5시 59분이었다. 6시는 일어나기 쉽지 않을 것 같아 알람을 맞춰 놓았었다. 그런데 1분 일찍 일어나 알람의 도움 없이 내 의지만으로 일어나는 성공 경험을 하게 되었다.

이 경험으로 나는 계속 수면시간을 단축시켜 보았다. 내가 일정 시간 자야 한다는 고정관념을 완전히 버리는 것이 힘들었다. 여러 사례와 테스트를 통해 조금 자도 건강에 아무런 지장 없으며, 좋은 컨디션을 유지할 수 있다는 확신이 생겼다. 해보니 조금 자면서도 아무런 어려움을 느끼지 않으려면 스트레스와 활동량, 그리고 식사를 관리하는 것이 필요했다.

예를 들어 육류를 많이 섭취하거나 인스턴트 음식을 먹으면 이를 해독하기 위해 몸은 충분히 잠을 잤다. 채식을 하면 잠이 깨끗하고 꿈도 맑았다. 예를 들어 나의 경우 적당히 운동하고, 조금 먹으며, 깨어있는 상태를 유지할 때, 건강에 지장 없이 최소로 잘 수 있는 시간은 약 3시간 정도였다.

그렇게 짧게 자면서 나는 온갖 성취를 했다. 그런데 사람들을 만나다 보니 타협해야 할 때가 있었다. 청정한 상태로 최소의 잠을 자면서 신선처럼 살 수는 있었다. 하지만 해보니 그게 전부는 아니었다. 때로 그 상태를 내려놓아야 할 때도 있었다. 잠에서 진정으로 자유로워진 때는 적게 잘 수 있게 되었을 때가 아니었다. 어떤 형태로든 잠을 자유롭게 다루고 받아들이며, 오히려 도구로 사용할 수 있게 되었을 때였다.

이와 비슷하게 나는 또한 나 자신을 죄책감에서 해방시켰다. 나는 예전 동물단체에서 활동하며 육류 섭취를 제한했다. 비건과 채식이 트렌드가 되는 걸 보며 기뻐했었다. 그런데 어느 순간부터 누군가 고기를 먹으면 마치 나쁜 사람인 것처럼 보는 내 모습이 보였다. 스스로 엄격해져 강박증처럼 변하기도 했다. 이때 알아차렸다. 내가 살짝 이탈했음을.

아무리 좋고 모두를 위하는 것도 우월감과 죄책감이 생기면 잘못하고 있다는 사인이다. 나는 이때 다시 놓았다. 비건을 선호하긴 하지만 사람들과 어울려 다양하게 먹을 줄 아는 사람으로 포지션을 바꿨다. 맹목적인 태도는 극한에 치우쳐 본질을 보지 못하게 만든다. 다시 진리로 돌아오려면 모두를 위하며, 흐름을 수용하되, 유연해야 한다는 걸 알았다.

모임에 종종 ESG열풍이 분다. 아이를 키우며 관심사가 비슷하고 또한 투자하고 있기 때문이다. 때로 높은 의식 수준의 이야기들이 나온다. 모두를 위하고 아름다운 세상을 꿈꾸는 것이 아름답다. 그런데 거기서 조금 더 들어가면 죄책감과 강박증으로 변한다. 내가 예전 몸소 겪어본 일들이기 때문에 훤히 보인다. 아무리 좋다는 것도 뒤집으면 그렇지 않은 것으로 변하는 것이다.

얼마 전 모임 회원이 절 명상을 하다 떠오른 이야기를 해주었다. 그녀는 최근 가족 중 한 명과 과거를 언급하게 되었다. 원래 사이가 좋았는데, 당시 서로 힘든 일이 있어 배려하지 못하고, 날이 선 상태로 상황을 마무리하게 되었단다. 그 사건을 두고두고 상대방이 서럽고 괘씸하게 여기다 이제 다시 이야기를 꺼낸 것이다. 상대방은 왜 굳이 그렇게 오래된 나의 이야기를 이제 와서 꺼냈을까, 내가 그때 혹은 아직도 뭔가 잘못한 건가 곱씹었다고 한다. 절 명상하며, 나는 잘못한 것이 없으니 죄책감 가질 필요 없으며 오로지 내가 성장했다는 것을 알려주기 위함이라는 목소리를 들었다고 말했다.

이처럼 안 좋고 부담스러운 일도 돌려 생각해 보면 좋은 일이다. 그냥은 알기 어렵다. 명상을 통해 내면으로 들어가면 진짜 목소리가 들린다. 안 좋은 일도 좋은 일이 되고, 좋은 일도 뒤집어 안 좋은 것이 될 수 있다.

많은 종교에서도 비슷한 모습을 보았다. 사람들은 처음에 좋은 뜻으로 종교에 입문하고 배우며 가르친다. 그런데 가면 갈수록 누군가는 우월감에 빠진다. 믿지 않는 이들을 악마 취급하기도 한다. 진정한 종교의 근원은 사랑이며, 실은 자신이 악마라는 걸 알아차리지 못한 채.

연봉 100억으로 유명한 일타강사 이지영은 중학교 3학년 때 자살을 결심하게 된다. 어린 나이 생계가 어려워 반지하에서 살았고, 엎친 데 덮친 격으로 수해를 입어 물건을 모두 버려야 했으며, 더욱이 그녀의 부모님은 당시 암 투병 중이었다. 남들은 겪지 않는 시련을 왜 이렇게 겪어야 하는지, 억울한 마음이 들어 학교 건물 옥상으로 올라갔다. 뛰어내려 죽으려는 의도였다. 높은 곳에서 아래를 보며 너무 무서웠고, 순간 깨달음을 얻었다고 말한다. 삶에 미련이 없고 죽는 게 나을 거라 생각했던 것이 실은, 그녀가 너무 욕심이 많고 잘하고 싶어서였다는 사실을. 역설적인 마음을 깨달은 그녀는 이 사실을 사람들에게 알려주기 위해, 자살까지 생각했던 본인의 에너지를 자신을 성장하는 데 사용했다 전한다.

세상 모든 것은 양면성을 가지고 있다. 온갖 좋고 나쁜 건 다 역설의 파도일 뿐이다. 그저 내 자리에서 진리에 맡기고 가면 된다. 6년간 온갖 고통스러운 수행을 하다 음식 먹고 보리수나무 아래 명상하며 깨달음 얻은 붓다처럼. 중용으로 유연해져 자유롭길 기원한다.

영적이면 나머지는 따라온다

아나타 명상 시간이었다. 일대일 명상과 달리 아나타 명상 과정에서는 신청자들과 함께 명상을 한다. 이때 돈이 있어야 영적인 성장도 할 수 있지 않느냐는 참가자의 질문이 있었다. 마스터는 2016년 슈퍼소울릴레이에 참여했던 세계적인 멘토 디팍 초프라가 했던 말을 인용했다.

"오직 영적인 것을 하면 나머지는 다 따라옵니다."

그는 의식적으로 깨어있으면 모든 일을 지혜롭게 해결할 수 있기에 모두 따라온다고 설명했다. 영적이면 삶을 대하는 방식이 달라진다는 뜻이었다.

슈퍼소울릴레이 방한 당시 디팍 초프라는 수행원 없이 홀로 백팩을 메고 캐리어를 끈 모습이었다고 순야 마스터는 이어 회상했다. 어떠한 두려움도 유명인사의 흔적도 찾아볼 수 없는 너무나도 순수하고 아름다운 멘토의 모습이었다고 그는 덧붙였다.

'오직 영적인 것', 앞으로 뭘 해야 할지 몰라 막막하던 나는 이 말을 중얼거렸다.

episode 15. 공포의 근원

이윽고 명상을 시작했다. 몸의 맨 아래부터 차크라가 돌기 시작했다. 빠르고 힘 있게 회전했다. 마치 유리 돌이 도는 것 같았다. 거기에 빨간 색깔을 칠했다. 그 위의 차크라가 돌고 또 그 위의 차크라도 돌았다. 주황색 노란색을 칠했다. 하나씩 차크라 색칠을 하면서 맨 위까지 올라갔다. 빨 주 노 초 파 남 보. 마지막 보라색 정수리 차크라였다.

정수리 차크라가 돌아갈 때 몸에 기둥이 생겼다. 모든 차크라가 그 기둥을 중심으로 돌았다. 기둥은 정수리 차크라에서 맨 아래 차크라까지 연결되어 있었다. 모든 차크라가 빙글빙글 도는데, 각기 따로 또한 같이 화음을 넣는 듯했다.

　정수리 차크라에 손잡이가 생겼다. 쏙 잡아 뽑았다. 일곱 색깔 차크라 검이 나왔다. 그 검을 휘둘러보았다. 차고 걸어가다 검을 던졌다. 검은 저절로 내가 가야 하는 방향에 꽂혔다. 검을 따라가면 원하는 곳을 찾을 수 있었다. 그렇게 가다 검을 던졌는데, 검은 나를 향해 날아왔다. 검은 나를 반 토막 내었다. 나는 반으로 쪼개졌는데, 잘라진 면이 마치 고무지우개 같았다. 검은 다시 내 몸속으로 들어왔고, 반으로 쪼개진 나는 검을 품은 채 다시 합쳐졌다. 원하는 때 검을 뽑아 다시 쓸 수 있다고 자각했다.

　앉아서 세로로 회전하는 명상을 했다. 갑자기 그 회전을 누군가 멈추었다. 고개를 들어 바라보니 칼을 차고 있는 거인이었다. 거인이 나에게 물었다.

　거인 : 누구냐?

나 : 나다.

거인은 내 대답을 듣더니, 마치 기다렸다는 듯 나를 데리고 높은
계단을 올라갔다. 한참을 걸어가 어떤 방에 도착했다. 그 안에는 반
지의 제왕에 나올 법한 힘없는 늙은 왕이 앉아 있었다. 그 왕이 나에
게 뭔가를 내밀었다.

'맹세의 피'라고 했다. 나에게 그걸 마시라고 했다. 뭔가 꺼림칙해
마시지 않았다. 가만 들어보니 이 왕국에는 괴수가 나타난단다. 도와
달라고 했다. 나는 내 몸의 차크라 검을 뽑아 괴수를 만나러 갔다.

괴수를 만나 차크라 검으로 반 토막을 내었다. 괴수의 몸에서 그
괴수만큼 커다란 차크라 검이 나왔다. 그 차크라 검을 가지고 왕에
게 돌아가 건네주었다. 왕은 다시 맹세의 피를 마시라고 권했다. 나
는 그제야 맹세의 피를 마셨다. 왕은 나에게 이 왕국을 다스리라고
말했다.

생각지 못한 제안에 놀란 나는 대답하지 않고 땅으로 내려갔다. 그

큰 검을 땅에 수직으로 내리꽂았다. 그러자 저 멀리서 푸른 갈기와 꼬리를 휘날리며 하얀 유니콘이 나타났다. 그 유니콘은 '어디든 갈 수 있는' 능력을 가졌다고 했다.

나는 유니콘에게 '공포의 근원'으로 가자고 이야기했다. 유니콘은 나를 태우고 뛰기 시작했다. 이 차원을 순식간에 지나 번개처럼 빠른 속도로 여러 차원들을 지났다. 이윽고 유니콘은 나를 텅 비고 공한 공간에 내려놓았다.

여기가 공포의 근원이라는 거지?

나는 주변을 둘러보았다. 텅 비고 아무것도 보이지 않아 위에서 내려다보기 시작했다. 그러자 나는 장엄함에 압도되었다. 공간은 무한대로 크고 모든 것을 담고 있었다. 그 느낌이 너무 강렬하고 포근했다. 나는 순간적으로 되뇌었다.

여기는 신의 품이구나.

공포는 신의 품에서 나온 것이었다. 공포를 직접 만나고 싶었다. 가장 큰 공포를 찾아 다가갔다. 가장 큰 공포는 불이었다. 활활 타오르고 있었다. 그 불에 가까이 가자 순식간에 불이 기쁨의 구슬로 변했다. 손을 내밀자 다시 가장 큰 공포로 변했다. 역설적이었다.

가장 큰 공포는 또한 기쁨이구나.

공포를 깨고 나오면 기쁨이 되는 거로군. 혹은 기쁨이 끝 쪽이고, 공포가 맨 아래이니, 끝과 시작이 만나는 건가 보다. 혼자 생각하는데 순간 이런 생각이 들었다. 공포가 기쁨으로 나아가기 위한 장치라면, 공포를 계속 반복하며 거기에서 머무르는 사람들은 뭐지? 그때 누군가 대답했다.

"그건 사랑하기 때문이야."

"사랑이라니 무슨 소리야?" 내가 한 질문에 내게서 대답이 올라왔다. "사람들은 자신을 너무나 사랑한 나머지 자신의 상태가 자신인 줄 알고 사랑한 거야. 사랑하는 방법을 몰라서 그렇지, 근원은 사랑이니 시간이 지나면 괜찮을 거야."

'그런데 좀 전에 누가 대답한 거지?'

주변을 둘러보니 아무도 없었다. 아래를 보니 레고아이가 있었다. 장난감 레고로 만들어졌으며 굉장히 작았다. 그 레고아이에게 너는 누구냐고 물었다.

레고아이 : 나는 너야.

힘들고 괴로워도 그 상태가 자신인 줄 알고 거기 머무른다, 변화하면 자신을 잃을까 두려워한다, 진정한 자신이 누구인 줄만 알면 된다는 말을 되새겼다.

나 : 자기 자신에게는 그렇다 쳐. 그럼 그럴 의지도 없는 작고 힘없는 생명체는 왜 고통을 반복해서 겪어야 하지?

이 질문에 레고 아이는 나를 데려가서 유리창을 싹싹 문질렀다. 거기다 분홍색 글자를 썼다.

'너의 사랑'

너의 사랑이라니 무슨 말이야. 도무지 알 수 없었지만, 이번에도 내 안에서 답이 올라왔다.

"누군가 작은 생명체들이 고통받는 상태에 집중하고 있어. 그들을 너무 사랑하기 때문이지. 어떻게든 해방시켜 주려는 의도야. 하지만 역설적이게도 고통받는 상태에 집중하면 그것이 반복된다는 사실을 몰라."

나의 사랑과 너의 사랑이 고통의 열쇠였다니. 모두 근원은 사랑이니 어떻게든 될 거라고 생각했다.

나 : 그럼 어차피 고통도 신의 품 안이니 받아들이고 그냥 살아야 하는 거야? 고통 없이 모두가 행복한 세상을 꿈꾸는 건 소용없는 짓인가?

레고아이 : 그렇진 않아. 네가 생각하는 걸 상상해 봐.

내가 생각하는 모두가 행복한 세상을 떠올렸다. 그러자 지구가 새로 만들어졌다. 그 지구를 들여다보니 모두가 행복했다. 내가 이 안에서 살아도 되냐고 물었다. 그러자 레고 아이가 말했다.

레고아이 : 그럼, 살아도 되지. 하지만 가끔 따분할 땐 한 번씩 나와 보고 싶을 걸.

'그래, 온전하면 오히려 감사를 잊을 수 있지. 기쁨도 일상이 되겠지. 그걸 다시 느끼려고 세상은 이렇게 만들어진 거야.' 이 모든 이야기를 꼭 기억해야겠다고 생각했다. 내 머리 위에 보라색 자수정을 돌렸다.

마지막으로 뭐 있냐 물으니 레고아이는 나를 작은 계단 위로 올라가라 했다. 그 계단 위에는 거울이 있었다. 거울을 보며 미소 지었다. 미소 지으면 된다. 함께 과정 중인 아나타가 이야기한 게 내게 영향을 끼친 것이 분명했다.

이제 돌아가야겠다고 이야기하니 레고아이는 나를 무지개 미끄럼틀로 데려다주었다. 마지막으로 레고 아이에게 물었다.

나 : 너는 나잖아. 그런데 왜 나는 헤매고 너는 다 아는 존재로 느껴지지?

레고아이 : 그래야 이야기가 재밌으니까 그렇지.

명쾌한 대답에 웃으며 나는 무지개 미끄럼틀을 탔다. 마치 무지개를 타고 내려오듯 나는 한참을 미끄러져 땅에 다시 도착했다. 도착해서 보니 내 손에 보라색 자수정이 들려있었다. 모든 게 꿈이 아니었어. 나는 기억을 상기하며 이 이야기를 사람들에게 꼭 해줘야겠다 생각했다.

닭도 달걀도 없다는 걸 알게 된다

순야 마스터에게 '닭이 먼저냐, 달걀이 먼저냐.'처럼 모든 질문은
(답은) 돌고 도는 것 같다고 이야기했다. 마스터는 나중엔 닭도 달걀
도 없다는 걸 알게 된다고 답했다.

평소 명상에서 깊게 들어가 감각과 생각이 모두 사라진 공한 상태
를 자주 체험한다. 그래서 저 말씀이 뭔지 알 것 같은데, '육체'에서
의 경험이 필요하다는 생각이 들었다. 보다 와 닿게 체험하고 싶다고
생각했다.

며칠 전 아는 사람들을 만났다. 웃으며 즐거운 이야기를 나눴다.
내 할 말도 했다. 무사히 잘 해냈다고 생각했는데 집에 오니 녹초가

되어 있었다. 내 정신은 말짱했지만, 육체는 그렇지 않았다. 다음 날에도 나는 오랜 시간 회복이 필요했다. 원래는 명료한 새벽과 아침 시간을 보내는데 이날은 그저 쉬고 싶었다.

유튜브 영상을 볼 때도 비슷한 현상이 나타났다. 학대받는 아이들과 동물들의 이야기가 자주 보였다. 내가 온전해져서 뭔가 자극이 계속 필요한 건가 생각 들었다. 근데 그럴 때마다 다시 육체의 까라짐을 느끼는데, 이게 맞는지 의문이 들었다. 나 스스로 '더 멋진' 혹은 '더 큰' 성장을 이루기 위해 자꾸 그런 것들을 끌어들여 노력의 동기부여 삼는 것은 아닐까 생각했다.

episode 16. 가장 잔인한 방법으로 죽여

명상 속에서 나는 까만 강을 하염없이 걷고 있었다. 멈출 수 없이 계속 걸어야 했다. 잠시 쉴 수도 없었다. 멈추면 빠져 죽기 때문이었다. 이 강이 뭔지 궁금했다. '계속 더 나아지려는 사람의 노력의 강' 이었다.

지옥이라는 생각이 들었다. 도저히 안 되겠기에 여기서 빠져나가야겠다 생각했다. 방법은 하나뿐이라는 자각이었다. 강에 빠져야 했다. 걸음을 멈추었다. 그리고 강으로 깊이깊이 빠져들어갔다.

'나는 죽는구나.'

너무나 느낌이 생생하게 나는 죽는다는 생각이 들었다. 숨이 막힐 때쯤, 나는 우리 집 방 안에 있었다. 노력의 강을 빠져나왔다.

방 안에 우두커니 앉아 내가 노력의 강에서 지옥을 체험한 것을 생각했다. 내가 경험한 것과 연관이 있었다. 그때 어떤 가이드가 나타났다. 너는 누구냐 물으니, '나는 너'라고 대답했다. 가이드는 내 손을 잡아끌어 우리 집 냉장고 쪽으로 갔다. 냉장고를 열고 그 안으로 들어갔다. 이유는 모르지만, 가이드를 따라 나도 냉장고 안으로 들어갔다.

다른 차원이 펼쳐졌다. 냉동고 같기도 한 얼음 세상이었다. 고드름처럼 얼음이 꽝꽝 얼어있었다. 얼음 안에 나의 가장 고통스러운 과거가 얼어있었다. 가이드가 그 얼음들을 주시하지 말라 했다. 나는 마치 매직아이 보듯이 눈을 게슴츠레 앞만 보고 걸었다.

따라 걸어가다 땅이 끝나는 지점에 도달했다. 한 발만 더 디디면 나는 아래로 추락하는 상황이었다. 멈출까 하다 그냥 걷자는 생각이 들었다. 두려웠지만 계속 걸었다. 나는 허공에서도 떨어지지 않은 채 계속 앞으로 나아갔다.

그러다 어떤 방에 도착했다. 거기엔 커다란 오리알만 한 황금 계란이 있었다. 예쁜 접시에 살포시 올려져 있었다. 가이드는 그걸 깨라고 했다. 나는 잠시 망설였다. 그냥 하자는 생각에 계란을 던져 깨뜨렸다. 계란에서 아주 귀엽고 사랑스러운 병아리가 나왔다. 삐약삐약 노란색에 동그랗고 맑은 눈을 가졌다. 내가 어릴 때 좋아해 키웠던 추억의 병아리였다. 가이드가 말했다.

"가장 잔인한 방법으로 죽여."

뭐라고? 순간 나는 천 년 어치의 고민을 했다. 온갖 상상을 했다. 병아리를 가지고 도망갈까, 그냥 눈 딱 감고 죽일까, 이건 무슨 테스트인가, 살려야 맞는 건가, 죽여야 맞는 건가, 안 죽이면 오히려 복을 받지 않을까, 수많은 생각과 상상이 떠올랐다. 답을 내릴 수 없었다.

순간, 내가 죽일 필요도, 살릴 필요도 없다는 알아차림이 있었다. "이건 모두 환상이야. 가짜라는 생각만 하면 돼." 나는 눈을 감고 잠시 집중했다. 그러자 병아리가 사라졌다. 깨진 황금 계란도 마찬가지였다.

시험을 통과했다는 생각이 들었다. 모든 것이 연결 지어지고 비로소 이해되었다. '닭도 달걀도 없다.'는 순야 마스터의 이야기. 내가 요 며칠 겪은 고통마저도 내가 모두 끌어당긴 것임을. 이 모든 게 환상임을 알면 나는 어떤 것에도 걸리지 않고 자유로울 수 있다. 이제 비로소 내가 느낀 것이 삶에 적용되겠구나 하는 생각이 들었다.

"이제 모든 고통은 끝났다."

깨달음에 눈물이 흘렀다. 나는 진정 자유로웠다. 우리 아이들이 보였다. 가족의 품으로 돌아왔다. 감사하고 행복했다. 명상 끝에 늘 도

달하는 지점. 내가 가장 간절히 바라고 만들어낸 환상. 충분히 즐겨
야겠다고 생각했다.

episode 17. 도와주세요

거대한 소용돌이 안에 내가 있었다. 마치 태풍에 몸이 휩쓸린 것
같았다. 팔다리를 마구 휘저으며 저항했다. 순간 그냥 흐름을 가만히
타보자는 생각이 들었다. 몸에 힘을 빼고 맡겼다. 그러자 편안했으
며, 비로소 보이기 시작했다.

거대한 소용돌이는 이 세상이었다. 커다란 소용돌이의 '목적'은 하
나였다. 존재에 도달하는 것. 힘을 빼자 나는 오히려 몸을 컨트롤할
수 있게 되었다. 가만히 서 보았다. 팔과 다리도 움직였다. 한결 자
유롭고 쉬웠다. 내가 서자 비로소 옆의 사람들이 보였다. 아까의 나
처럼 팔다리를 마구 휘저으며 저항하고 있었다.

어떤 사람은 자기만의 소용돌이를 만들어 움직이지 않았다. 사람
들에게 나를 보라 손짓했다. 나를 본 사람들이 자기도 몸에 힘을 빼

고 저항을 멈췄다. 그러자 나처럼 자유롭게 움직일 수 있었다. 어차 피 한 방향으로 가니 즐겁고 재미나게 가자고 이야기했다.

빛이 환하고 텅 빈 공간에 도달했다. 거기서 비로소 소용돌이의 흐름이 멈추고 바로 설 수 있었다. 위에서 소리를 지르며 뚝 떨어지는 사람이 있었다. 그는 억지로 여기까지 도달했기에, 처음부터 다시 시 작해야 한다고 했다.

사람들이 모두 한 방향으로 걸어가기 시작했다. 하나의 통로로 들 어갔고, 그 위에 큰 아기가 생겨났다. 그렇게 큰 아기가 여럿이 생겼 고, 아기는 방방이에서 뛰듯 점프했다. 퉁퉁 뛰다 달리기 시작했다. 아기가 아이로 자랐다.

차원이 이동되고, 장면이 바뀌어 경마장이 보였다. 탕 소리와 함께 말이 달리기 시작했다. 와, 하는 관중의 환호 소리가 들렸다. 모든 말들이 서로 엎치락뒤치락하며 달렸다. 한 말이 고꾸라졌다. 기수와 함께 넘어져 나뒹굴고, 다른 말들은 앞서 달려나갔다. 모든 스포트라 이트는 달려가는 말들에 향했다. 고꾸라진 말은 적막하게 기수와 함께 다시 일어났다. 기수가 간단히 나를 체크했다. 이때부터 내가 말로 느껴졌다. 터덜터덜 걸어 경기장을 빠져나갔다.

병원에 가자 수의사가 내 다리가 부러졌다고 했다. 나는 회복해도 다시 예전처럼 달릴 수 없을 거라고 했다. 회복에도 몇 개월이 걸릴 거랬다. 나는 달리기 위해 경마로 교배되어 태어나 훈련받은 말이었다. 나의 존재 이유가 사라졌다.

나는 안락사 주사를 맞았다. 그때 많은 것들이 눈앞에 보였다. 나는 계속 달렸다. 달리고 또 달렸다. 들판을, 숲속을, 물 위를, 끝도 없이 쉬지 않고 달렸다. 나는 살고 싶었다. 살아 달리고 싶었다. 계속해서 달리는데 앞에 빛이 나타났다.

빛이 나에게 기회를 다시 주었다. 나는 사람으로 태어났다. 나는 어려서부터 쉬지 않고 달렸다. 달리기 선수가 되었다. 훈련은 나에게 가장 큰 즐거움이고 삶의 목적이었다. 많은 메달을 석권했다. 나는 그저 달릴 수 있어 행복했다.

순야 마스터의 안내로 나는 무언가가 되었다. 반지하에 살고 있는 여자였다. 아이 둘 있는 엄마였다. 우리 집에는 고지서가 몇 달치 밀려 쌓여 있었다. 간장과 고추장이 반찬이었다. 딱히 도움을 청할 곳이 없었다. 도움을 청해봤자 헛수고이기도 했다. 지금 벌이로는 생활은커녕 빚을 감당하기도 어려웠다.

나는 죽기로 결정한 상황이었다. 어차피 죽는 거나 이 삶이나 크게 다를 바가 없었다. 그런 나에게 나는 먼저 이 집부터 부수라 말했다. 연장을 들고 와서 집을 모두 때려 부수기 시작했다. 부수면서도 육체에서 궁시렁 궁시렁 불만이 느껴졌다. 이렇게 집을 부수면 뭐하느냐, 부수면 그나마 사는 이 집마저 없으니 다 끝이다, 무슨 미친 짓이냐 등등. 나는 그냥 시키는 대로 하라고 했다.

집을 다 부수자 세상이 집이 되었다. 집은 이 세상에서 나를 가리고 숨게 하는 스스로의 감옥이었다. 나는 죽을힘을 다해 따라 외치라고 말했다.

"도!"

이게 뭐냐는 질문에 다시 그냥 시키는 대로 하라고 했다. 나는 '도~!' 라고 쩌렁쩌렁 울리게 외쳤다.

"와!" 목소리는 점점 더 커졌다.

"주! 세! 요!!"

온몸을 울려 세상에 외쳤다. 지구가 진동할 정도였다. 그러자 순간 모든 사람들이 한 번에 나를 돌아보았다. 모든 시선이 나에게 꽂혔다. 그러자 사람들이 하나둘 주섬주섬 자기가 가진 것을 나에게 가져다주기 시작했다. 쌀, 돈, 생필품 등 마치 소위 돈줄이 나듯이 나는 너무나 많은 것에 둘러싸였다.

episode 17-1. 사랑과의 만남

나는 개가 되었다. 시골집 마당에 묶여 있는 큰 개였다. 나는 그냥 1미터 줄에 묶여 잔반을 처리하고 낯선 사람이 오면 짖어 알리는 용도였다. 그마저도 귀찮았는지 주인은 나를 개장수에게 팔았다. 개장

수 트럭에 끌려 철창에 들어갔다. 끌려갈 때 저항하다 개 패듯이 맞았다. 철창에는 나 같은 개들이 있었다. 다들 두려움과 상실감에 망연자실하여 멍한 눈빛이었다.

나는 보신탕집에 가기 전 죽는 곳으로 끌려갔다. 올가미와 전기 도구들이 보였다. 나는 두렵고 고통스러웠다. 내 차례가 되었다. 나는 목이 매달려 전기에 죽임을 당했다. 죽는 순간까지도 나는 내 주인을 떠올렸다.

나는 미워할 줄 몰랐다. 나의 마음엔 사랑밖에 없었다. 미움은 어떻게 하는지 잘 모르지만, 사랑은 자신이 있었다. 그래서 죽을 때도 나는 사람들을 미워하기보단, 그냥 내가 어딘가에 필요한 일인가 보다고 생각했다. 죽고 영혼이 되어 나에게 다시 기회가 왔다. 나는 이전 주인에게 돌아가 사랑으로 존재하겠다고 답했다. 그가 아직 많이 사랑이 필요하기에. 다른 강아지들도 사랑이 필요한 곳에 태어나거나, 이전 주인에게 다시 돌아갈 수 있었다.

이 장면에서 나는 많이 울었다. 내가 키우던 별이랑 여우가 생각났다. 그들이 어디에 있나 들여다보니 내 옆에 사랑으로 있었다. 내가 힘든 일을 겪을 때마다 그들은 나를 사랑으로 감싸 내가 알아차리게 도와주었다.

내가 깨닫고 그들은 다시 태어나겠노라고 생명을 얻으러 갔다. 사랑이 필요한 다른 곳에서 그들은 또 그들의 역할을 하려는 의도였다. 어릴 때 팔려간 부치와 그와 비슷한 개들, 그리고 학대당하는 개들을 보며 많이 아파했던 내 마음이 눈 녹듯 녹았다.

episode 17-2. 돌아가신 아빠가 되다

나는 돌아가신 아빠가 되었다. 아빠는 죽기 전 나와 동생을 찾아 만났다. 폐암 말기로 몇 개월 남지 않은 시점이었다. 나는 아빠가 되어 아빠가 죽을 때의 경험을 했다.

아빠는 눈을 감을 때 나와 동생을 떠올렸다. 자신과 함께하는 가족도, 부모님과 형제도 떠올렸다. 그렇게 사랑하는 사람들을 떠올리며, 아빠는 육신의 몸을 벗었다. 아빠의 꽉 막혔던 가슴 차크라가 한껏 열려있었다.

내가 아빠의 영혼을 일으켜 주었다. 아빠는 내 손에 동그랗게 에너지체가 되어 올라왔다. 나는 아빠의 영혼을 보내주었다. 아빠의 영혼은 작은 새가 되어 날아갔다.

눈물이 비 오듯 쏟아졌다. 누가 손을 내밀어 잡았는데, 예수님이었다. 나를 안아주었다. 내가 예수님에게 왜 이렇게 눈물이 나는지 모르겠다고 말했다. 예수님이 이야기했다.

"내가 오죽하면 십자가에 못 박혔겠어."

episode 17-3. 눈물의 진짜 이유

눈물을 따라갔다. 눈물을 흘리는 커다란 눈이 있었다. 어찌나 많이 우는지, 그 커다란 눈은 눈물에 잠겨있었다. 그러다 눈물이 싹 마르기도 했다. 내 몸이 물에 잠겼다가 드러났다. 그러다 다시 눈물에 잠겼다. 마치 밀물과 썰물이 오가는 것처럼, 눈물이 계속 흘렀다 말랐다 했다.

커다란 눈에게 물었다. 왜 이렇게 많이 우냐고. 눈은 자기를 따라 눈을 감았다 떠보라고 했다. 나는 시키는 대로 했다. 눈을 감았을 때 온갖 기쁜 것들이 보였다. 깨달은 사람들, 고통에서 해방된 사람들, 오랜만에 만난 가족 등. 그리고 눈을 떴다.

기뻐서 우는 거냐고 물으니 그렇다고 했다. 그렇구나. 기뻐서 이렇게 우는구나. 그러자 눈은 자기는 기쁨만 보인다고 했다. 이 세상에 기쁨이 너무 가득해서 자꾸 눈물이 쏟아진다고 했다.

그러면 진짜 슬퍼서 우는 사람들은 뭐냐고 물었다. 아주 안 좋은 일을 당하고 힘들어 우는 사람도 있다고 이야기했다. 그러자 커다란 눈은 대답했다. 그건 앞으로 일어날 기쁜 일 때문이라고 했다. 눈물이 흘러 차크라가 돌아가면 목적이 생겨나므로 기쁜 일을 예고하는 것이라 말했다.

이야기를 들으니 나의 지금 눈물이 기뻐서 우는 것 같았다. 알 수 없는 감정이었다.

episode 17-4. 파티

양손으로 둥근 원을 그렸다. 그 원이 환해지며 오로라 빛의 조명이 되었다. 조명을 여러 개 만들었다. 파티를 할 생각이었다. 손을 허공에 싹 터치하자 온갖 꽃이 생겨났다. 테이블에 맛있는 음식들도 차렸다. 과일과 야채가 풍성했다. 포도주도 준비했다.

내가 왜 파티를 준비하는지 누구를 초대해야 하는지 몰랐다. 그냥 이끌림이었다. 누구를 초대해야 할까 생각해 보았다. 먼저 순야 마스터를 초대하고 디팍 초프라, 그리고 그리스도 붓다, 마이클버나드벡위스, 노자, 테레사수녀 등을 초대했다. 모두 도착했고 파티가 시작되었다.

포도주를 따르고 내가 먼저 일어나 소감을 이야기했다. "제가 이 자리에 있기까지 많은 도움을 주셔서 감사합니다. 보답으로 여러분께 특별한 선물을 드리고 싶습니다." 이야기하며 내 책을 꺼냈다. 모두에게 나눠주었다. 다들 축하한다며 한 마디씩 책에 대해 덕담을 해 주었다.

순야 : 신성을 밝히는 등불이야.

디팍 초프라 : 모든 걸 바꾸겠어.

그리스도 : 성경책보다 낫군.
붓다 : 카르마가 존재하지 않아.

마이클 버나드 벡위스 : 진리가 여기에 있어.

노자 : 언어에 갇히지 않았어.

테레사수녀 : 평화와 사랑이 가득해.

잘 부탁드린다며 인사하자, 다들 알겠다고 걱정 말라고 했다. 포도
주를 마시고 음식을 먹었다. 웃으며 대화를 이어나갔다.

텅 빈 욕조

episode 18. 나는 오이가 되었다

다시 순야 마스터와의 명상시간이었다. 나는 클로버 꽃이 되었다. 바람에 한들한들 움직였다. 땅으로 들어가 빨려 들어가 나무가 되었다. 나는 수백 년 된 은행나무였다. 많은 물질이 내 몸속으로 들어오는 것이 느껴졌다. 그 물질들로 나는 몸을 쑥쑥 키워냈다. 잎을 내고 가지를 늘이고 몸을 두껍게 했다.

그러다 나는 오이가 되었다. 촉촉하고 몸에 수분이 많았다. 누군가 내 몸을 드는 것이 느껴졌다. 나를 데려가더니 나를 아삭 깨물어 먹었다. 나를 감사와 사랑으로 대해줘서 느낌이 좋았다. 나는 그 사람의 몸속으로 들어갔다. 위와 장을 지나 나는 똥이 되어 몸 밖으로 나갔다. 물속에 들어가 물이 되었다.

나는 강이 되었다. 넘실거리고 반짝였다. 내 안엔 많은 생물체들이 살고 있었다. 그리고 나는 하늘이 되었다. 공간감이 느껴졌다.

번개가 꽝 하고 쳤다. 우르르 쾅쾅 소리에 놀랐다. 번개가 은행나무를 내리쳤다. 수백 년 된 은행나무가 반 토막이 났다. 주변의 모든 자연물들도 번개에 폐허가 되었다. 사람들이 몰려왔다. 수백 년 된 은행나무가 번개에 맞았으니 흉흉하다 입을 모아 이야기했다. 그걸 보다 내가 손을 내밀었다.

반이 쪼개진 은행나무를 양손으로 잡아 지구와 함께 통째로 벌렸다. 그러자 지구도 반이 갈라 벌어졌다. 거기에 커다란 지렁이가 있었다. 사람들에게 이걸 보라고 이야기했다. 안에 큰 지렁이가 있다는 걸 잊지 말라고 했다.

화산이 폭발하고 있었다. 사람들이 도망갔다. 검은 연기를 내뿜고, 빨간 마그마가 흘러나왔다. 대지가 뒤덮이고, 하늘이 보이지 않았다. 가까이 가보니 화산 안에 불 요정이 놀고 있었다. 왜 이랬느냐고 하니 심심해서 그랬다고 말했다. 나는 놀라서 도망간 사람들을 보라고 이야기했다. 그러자 요정이 알겠다고 말하고 쉬어 잠들었다. 화산은 진정되었다.

둘째 아이가 보였다. 둘째 아이가 내 손을 잡더니 따라오라고 말했다. 둘째 아이가 뛰어가 나도 같이 뛰었다. 한참을 뛰어가다 둘째 아이가 땅을 가리켜 여기에 선물이 숨어있다고 이야기했다.

둘째 아이가 가리킨 곳을 파보았다. 파는데 여러 차원이 순식간에 지나갔다. 차원을 지나 맨 끝 우주가 나왔다. 우주가 너무나 생생하고 또렷했다. 놀라 한참을 느끼다 아이를 보았다.

"엄마를 우주만큼 사랑해서 선물을 준 거야."

아이를 안았다. 아이를 안아 들어 올리자, 누군가 아이를 들어 올렸다. 또 누군가 들어 올렸다. 그렇게 둘째 아이는 저 끝까지 올라갔다. 거기서 누군가 아이를 감싸 안았다. 무지개색의 사람 형상을 한 존재였다. 나중에 물으니 그녀는 보호의 신이라고 했다.

그 보호의 신이 아이를 안고 케이블카를 타듯 선을 따라 죽 미끄러져 멀리 사라졌다. 나는 아이를 보며 아쉬운 마음이 들었다. 문득 내가 아이를 붙잡고 있는 건 아닌가 생각이 들었다.

시간이 흘러 하늘에서 알이 뚝 떨어졌다. 알에서 둘째 아이가 나왔다. 그런데 아이의 느낌이 원래와 좀 달랐다. 뭔가 업그레이드된 것 같기도 하고 외계인 같기도 했다. 아이가 내 앞을 걸어오기에 두 팔을 벌려 안으려 했는데, 아이가 나를 공기처럼 통과해 지나갔다. 아이는 나를 지나 공기가 되어 사라졌다.

아이에 대한 아쉬운 마음이 꿈틀거렸다. 나는 그 마음을 쓰레기 봉지에 넣어 묶어 버렸다.

episode 18-1. 일단 아이는 웃어야 한다

여러 아이들이 보였다. 하루 종일 일해야 하는 아이, 전쟁터에 끌려간 아이, 맨홀 뚜껑 아래서 사는 아이 등. 아이들은 슬프고 힘든 표정이었다. 아이들의 얼굴에 손을 올리자, 웃는 표정으로 바뀌었다. 한 아이 한 아이 다 웃는 표정으로 바뀌었다. 그러다 마지막 아이의 얼굴에 손을 올리려는데 순간 고민이 되었다.

"아이들의 이 고통이 잊히면 어쩌지?"

아이들이 이런 고통을 겪은 것을 사람들이 모두 잊게 될까 봐 마음이 아팠다. 기억해야 하는 걸까? 기억하면 뭐가 달라지는 건가? 수많은 생각이 떠올랐는데, 일단 아이는 웃어야 한다고 생각이 들어 마지막 아이의 얼굴에도 손을 올렸다. 아이의 얼굴도 웃는 얼굴로 바뀌었다. 내 생각은 사라졌다.

episode 18-2. 자연은 지금도 완벽해

아이들이 모두 웃자 자연 생각이 났다. 소중한 자연이 아프다는 자각이었다. 클로버 꽃에게 물었다. 어떻게 해야 자연이 아프지 않을 수 있지? 클로버 꽃이 대답했다.

클로버꽃 : 사람들은 원래 자연을 훼손했어. 예전에도 그랬고 지금도 마찬가지야. 변하지 않아.

나 : 그래도 사람들이 많이 진화했잖아?

클로버꽃 : 글쎄. 이런 질문에 대한 대답은 나 말고 다른 존재를 찾아가 봐.

이번엔 고래를 만났다. "어떻게 해야 자연이 아프지 않을 수 있지?" 고래 역시 자기는 모른다고 말했다. 고래가 다른 존재에게 데려다주었다. 나는 계단 위 양동이에 도착했다.

양동이에 물이 담겨 있었다. 그 안에서 작은 사람이 나왔다.

작은 사람 : 무슨 일이지?

나 : 어떻게 해야 자연이 아프지 않을 수 있지?

작은 사람 : 무슨 소리야. 자연은 지금도 완벽해.

나 : 아, 그래?

자연은 지금도 완벽하다니 할 말이 없었다.

나 : 그럼 지금 왜 이렇게 자연이 많이 훼손된 거지?

작은 사람 : 그건 사람들이 많이 깨어날 때라서 그런 거야.

나 : 아, 그래? 그럼 사람들이 많이 깨어나면 자연이 다시 괜찮아지는 건가?

작은 사람 : 비슷하지.

나 : 너넨 항상 애매하게 대답하는구나.

자연은 완벽하고 지금 훼손된 것도 괜찮아진다니, 나는 더 이상 할

말이 없었다. 수많은 질문이 떠올랐지만 모두 사라져 버렸다. 작은
사람이 나에게 보여줄 것이 있다며 따라오라 했다. 아이는 양동이의
물 안으로 퐁당 빠져들어갔다. 나는 양동이에 어떻게 들어갈까 고민
하다 얼굴을 담갔다. 숨이 막히는 것이 느껴졌다.

episode 18-3. 텅 빈 욕조

나는 큰 바다 안에 있었다. 깊이깊이 헤엄쳐 들어갔다. 옆에 거북
이가 있었다. 예전에 뽑지 못했던 땅속 깊은 곳 마개를 찾아야겠다는
생각이 들었다. 예전 마개를 뽑았다가 세상이 빨려 들어가서 다시 닫
은 마개였다. 거북이와 함께 내려가 그 마개를 찾았다. 있는 힘껏 마
개를 뽑아버렸다.

온 세상이 다 빨려 들어갔다. 물 한 방울까지 모두 빨려 들어갔다.
나는 형태조차 없이 모두 텅 비었다. 마치 마개가 열린 텅 빈 욕조 같
았다.

장면이 바뀌어 그 마개는 풍선 꼬다리였다. 모든 세상은 풍선 안에

있었다. 그 풍선을 어떤 아이가 들고 웃으며 걸어가고 있었다.

아이가 비눗방울을 보며 놀고 있었다. 그 비눗방울 안에 기억이 하나하나 들어가 있었다. 그중에서 나의 아픈 기억을 찾아냈다. 그 기억에 손가락을 비벼 가루를 뿌려주었다. 기억이 아름답게 변했다.

나는 걸어가고 있었다. 걸어가는데 어떤 막을 통과하자 나는 작아졌다. 다음 막을 통과하자 나는 또 작아졌다. 그리고 다음 막을 통과하자 나는 또 작아졌다. 계속 그렇게 막들을 통과했다. 나는 가장 작은 것이 되었다.

순야 마스터는 나에게 마개를 잘 뽑았다고 답했다. 그러면서 그는 이야기했다.

마스터 : 신도 없어요.

나 : 네?

마스터 : 지식적인 신이 사라져야 깨어날 겁니다.

이해가 잘 되지 않았다. 분명 무를 인식하기는 했다. 그래서 이렇게 다시 질문했다.

나 : 있음이 없음이 되고 없음이 또 있음이 되잖아요?

마스터 : 맞아요. 하지만 없음이에요.

내가 뭔가 놓치고 있다는 생각이 들었다. 찜찜한 기분으로 깨달음의 방을 나왔다.

5. 존재의 자유 Ⅱ

나의 가장 소중한 걸 놓은 어느 날

순야 마스터와 이야기하고 집에 돌아와 멍하니 있었다. 뭔가 내가 빠뜨리고 있는데, 내가 뭔가 간과하고 있는데, 설명할 수가 없었다. 데이비드 호킨스의 〈의식혁명〉을 비롯한 여러 책들을 들춰보았다.

미궁에 빠진 나는 처음 무를 경험했을 때를 떠올려보았다. 예전 명상이 익숙해질 무렵 빛을 경험하고 거기에 취해 다른 모든 것이 귀찮았었다. 그러다 문득 빛조차 고통이라는 것을 느끼고 이를 놓고 싶다고 생각했다. 그때 깊은 무의 상태에 빠져들게 되었는데, 이것이 진정한 죽음이라는 알아차림이 있었다.

이처럼 분명 무를 인식하는데, 뭔가 이상했다. 마스터의 신도 없다는 말을 중얼거려 보았다. '무로 갔다가도 다시 유로 돌아오려는 가장 깊은 두려움의 근원이 뭘까.'라는 질문이 떠올랐다. 버릴 것이 있다는 알아차림이었다. 내게 아직 소중한 것이 있었다.

'아, 결국 이거구나.'

이를 인식하자 내 심장이 망치질하듯 아파왔다. 고통스러웠다. 빛이 새 나올 것 같기도 했다. 뭔가 터져 나올 것 같은 상태에서 두서없이 글을 쓰기 시작했다.

모든 것은 찰나. 그리고 선물.
찰나와 선물에 집착하면 그것만큼 어리석은 게 어디 있겠니.

있을 때 잘하자.
그리고 내 갈 길을 가자.

다 놓는다.
그러기로 결정한다.

내 몸과 마음이 아픔에 가루가 되어 공기 중으로 퍼져나간다.

왜 아프니? 가장 간절하던 것. 놓으니까. 내 몸이 붙들고 있던 것
을 놓으니까.

내 몸의 존재 이유. 그걸 놓으니까 내 몸의 존재 이유도 사라지는 거
야. 내일 죽을 수도 있다고 생각하고 하루하루 충실히 감사히 살자.

원래 그렇게 했잖아.

그래, 그렇게 하면 돼.

나는 이미 한 번 죽었고.
선물을 받았어.
그 선물의 기간 동안 소원을 이룬 건 정말 운이 좋았어.
하늘에 감사하고 모든 걸 놓자.
그리고 가야 할 길 정해진 길을 가자.

나는 원래 없었고

나는 이미 소원을 이뤘고

순간순간이 너무 감사하고 소중하다.

모든 건 당연히 아니라 보너스야.

나는 세상에 태어나서 바란 게 아무것도 없었어.

행복한 가족과 함께하는 것 그거 딱 하나였어.

그걸 이뤄서 너무 행복하고 놓을 수가 없었어.

평생의 소원이었어.

그래서 이걸 놓으려면 그냥 모든 걸 같이 놓아야 해.

내 육체도 삶도 내 생존 욕구도.

그런데 왜 놓으려고 하지?

내가 갈 길을 알았기 때문이야.

그리고 하필 지금 그것이 지금 왔네.

그거 누가 바란 거지? 내가 바란 거잖아.

삶이 너무 힘들어서 그랬어.

왜 삶이 힘들었니. 평생소원을 이루고 사는데.

모르겠어. 몸과 마음이 이게 다가 아니라고 말했어.

그래도 나는 참고 살 수 있었어. 가족이 그만큼 소중했거든.

그래서 삶이 고통이고 힘들었어. 그래도 버틸 수 있었어.

참을 수 있었고 버틸 수 있었던 건 존재를 붙잡았기 때문이야.

근데 존재를 붙잡으니 내게 소중한 걸 놓으라네.

내게 소중한 걸 지키려고 존재를 붙잡았더니 내게 소중한 걸 놓으래.

그치, 내가 존재를 붙잡았지. 내가 그랬어.

소중한 걸 지키려고 했다는 게 오류임을 알았어.

모든 건 모래성이야.

주어짐을 감사하고 찰나찰나 최선을 다하면 돼.

그건 내 소유가 아니야.

잡았다가, 놓아주어야 해.

돈 뿐 아니라 이 세상 모든 게 그래.

나를 버리면 나라는 한계를 넘게 돼.

그냥 가자.

어떤 일이 생길지 몰라. 그냥 가자.

가슴이 아프고 눈물이 나도

그냥 그 몸 통째로 버리고 가자.

그건 어차피 찰나잖아.

나는 영원이고

내 평생 바라던, 가족과 행복하게 살고 싶다는 소원. 나는 초등학교 2학년 부모님 이혼하시고 달님을 보며 빌기 시작했다. "제발 부모님과 다시 살게 해주세요." 매일 울며 간절히 빌었고 그렇게 일 년이 지났다. 아무런 응답도 변화도 없었다. 가슴이 까맣게 타버린 어린 나는 오래도록 아무것도 바라지 않았다. 오랜 시간이 지나 다시 달님을 보며 "행복하게 살게 해주세요."라고 빌기 시작했다.

결혼하고 아이를 낳으며 나는 비로소 내 행복을 찾은 것 같았다. 어릴 때 빌던 소원이 간접적으로 이뤄진 것 같기도 했다. 남편과 정말 힘들었을 때도 이 바람으로 버텼다.

이렇게 평생 빌어 결국 이룬 그 소원. 나는 그걸 놓아야 했다. 사실 죽는 건 두렵지 않았다. 나를 버리는 것도 무섭지 않았다. 그런데 그 간절한 소원이 바로 내가 되어버렸다. 그래서 나는 나를 놓으면서도 나를 완전히 버리지 못했다는 걸 자각했다. 이 단계를 넘어야 내가 진정 바라는 곳에 도착한다는 걸 직감적으로 알았다.

온갖 상상을 했다. 모든 결정에서 가족을 제외하고 움직이는 내 모습. 가족이 없는 삶. 고통이 너무 심했다. 하다하다 도저히 안 되겠기에 그냥 나는 고통스러워하는 내 몸을 버렸다. 몸을 버려버리니 가족도 다 버려졌다. 나는 모래처럼 부서져 날아갔다.

episode 19. 진리는 없어

힘이 다 빠진 채 아나타 명상 과정에 참석했다. 내 몸을 버렸으니 힘이 하나도 없었다. 사실 너무 저항하다 버려서 휴식이 필요한 것 같기도 했다. 이제 내 인식 속에선 가족이 없고 가족이 전부였던 나도 없었다. 명상을 시작했다.

어떤 아이가 보였다. 동전과 지폐를 저금통 안에 꾹꾹 눌러 넣고 있었다. 그 저금통을 들고 뭘 사러 갔다. 서점이었다. 아이는 두꺼운 책을 사 들고 집으로 돌아왔다. 아이는 자랐다. 자라서도 그 책을 들고 다녔다. 그 책에 뭐가 쓰여 있나 보니 '차원을 이동하는 방법'이었다. 방법인즉슨 벽에 네모를 그리고, 손을 대 집중하면 되었다. 그 아이에게 내가 다가갔다. 같이 벽에 손을 대고 차원 이동을 시도했다.

커다란 배와 바다가 보였다. 영국 같은 곳이었다. 대항해시대 같았다. 아이와 같이 걸어가 해리포터 영화 장면이 떠오르는 골목으로 들어갔다. 어떤 가게에 들어가 주소를 받았다. 그 주소로 찾아 걸어가 어떤 집에 도착했다.

그 집 안에 할머니가 있었다. 마치 영화 매트릭스에 나오는 '오라클' 같은 흑인 노인이었다.

테이블에는 찻잔이 두 개 놓여있었다. 할머니는 우리에게 앉으라 손짓했다. 이미 우리가 오기를 알고 기다리던 듯했다. 우리는 서로 마주 보고 테이블에 앉았다. 할머니가 이야기했다.

"진리는 없어."

갑자기 집이 흔들리기 시작했다. 몸이 흔들리고 허둥대다 아이가 도망가야 한다고 이야기했다. 돌을 던졌다. 그 돌은 차원에서 길을 잃으면 다시 돌아갈 때 쓰는 돌이라며, 아이가 출발할 때 챙긴 것이 었다. 다시 돌아왔다. 나는 알아차림에 중얼거렸다.

"진리가 없다면 세상도 없다."

episode 19-1. 죽음

허공에 그림을 그렸다. 처음엔 모든 걸 지웠다. 지우고 지우고 계속 지웠다. 다 지우고 나를 그렸다. 아주 예쁘게 정성들여 그렸다. 드레스 입히고 머리는 길게 풀어 빗었다. 날개도 달았다. 그리고 지워버렸다. 나는 가족을 그리다가 하나둘 사람들을 그렸다. 가득가득 그렸는데 공간이 부족했다. 그래서 다 그릴 방법이 뭘까 고민하다 지구를 그렸다. 지구를 다 그리고는 그것도 지워버렸다. 그리고 그냥 텅 빈 채로 있었다.

나는 손에 모래를 쥐고 가만히 그걸 바라보고 있었다. 모래가 스르르 손에서 빠져나가는 걸 반복해서 바라보았다. 나는 아무런 생각이 없었다. 힘도 없었다. 그러다 순야 마스터의 안내로 푸른 새가 나타났다. 마치 공작새처럼 생겼는데, 나를 태우고 우주로 날았다. 내가 새의 목을 붙잡고 매달려 물었다.

나 : 내 이름이 뭐지?

푸른 새 : 죽음.

새는 나를 낭떠러지에 내려주었다. 나는 그 낭떠러지에서 1의 고민도 없이 그냥 뛰어내려 버렸다. 떨어지는 나를 대지의 신이 커다란 손으로 받았다. 나는 씨앗이 되었다. 나를 저 멀리 땅에 심었다. 나는 나무가 되어 자라나고 커다란 숲이 되었다.

내가 수많은 사람들 사이에 둘러싸여 있었다. 졸업식이었다. 내가 대표로 나가 졸업식 연설을 했다. 나는 학교 인싸[8]였다. 모두 내 주변에 모여 있었다. 그런데 나는 그게 즐겁지 않았다. 사람들에게서 멀어져 바람을 쐬고 있었다. 잘생긴 동기 남학생이 다가왔다. 왜 이러고 있냐고 묻기에 쉬고 싶다고 했다. 이건 내가 바란 게 아니라는 느낌이었다. 그가 내 손을 잡고 날 데리고 밖으로 나갔다. 통로를 함께 걸었다. 그러다 어떤 문에 도달했다.

문을 여니 우리 가족이 있었다. 아이들이 엄마~, 부르며 나에게 뛰어왔다. 아이들을 안았는데 아무런 감정이 느껴지지 않았다. 기쁨도 없었다. 감정을 느끼던 내가 조금 그리웠다. 그런데 속에서 "(기쁨이 없으니) 슬픔도 없잖아."라고 말했다. 그래서 내가 "한 번만 다시 느껴보고 싶다."고 말했다. 내 육체에 중심을 잡아보았다. 그러자 기쁨이 느껴졌다. 아이들을 꼭 안고 볼을 부볐다. 그리고 다시 아이들과 멀어지자 슬픔이 생겼다. '그래, 기쁨이 있으면 슬픔도 있는 거야.'라는 생각이 들었다.

---

8) '인사이더'라는 뜻으로, 각종 행사나 모임에 적극적으로 참여하면서 사람들과 잘 어울려 지내는 사람을 이르는 말

episode 19-2. 네가 원하는 삶을 살아

공간이 둘로 쪼개졌다. 양옆 공간을 사이에 두고 아주 얇은 틈이 있었다. 그 틈이 선물이라고 했다. 누군가 보았더니 대천사였다. 그 틈에서 내가 하고 싶은 걸 하고 살라 말했다. 내가 "그럼 떡볶이 가끔 먹어도 되는 거야?"라고 물었다. 떡볶이는 나에게 '종종 누리는 인간 세상에서의 즐거움'이었다. 천사는 그렇다고 했다. 내가 왜 선물로 주냐 물으니 네가 원했기 때문이라 했다.

대천사 : 네가 원하는 삶을 살아.

나 : 내가 원하는 삶이 뭐지?

내가 예전 쓴 노트의 한 페이지가 생각났다. 내 미래 꿈을 자세하게 나이별로 적어놓은 꿈 노트였다. 거기서 많은 에너지가 방출되고 있었다.

나 : 내가 그러다 다시 돌아가지 못하면 어쩌지?

물질세계에 젖어 지금 깨달은 것을 잊게 될까 두려웠다. 그러자 천사가 그럴 때는 공간이 닫히며, 거기에 내가 끼어 매우 고통스러울 것이라고 했다. 혹시나 그런 일이 생기면 알아차리면 되겠구나 생각했다. 네가 누구냐, 천사에게 물었다. 천사가 말했다.

대천사 : 나는 항상 너야.

장면이 바뀌어 '색즉시공 공즉시색'을 공간의 종이에 적었다. 그 말의 뜻을 얼핏 아는데 명상에서 구체적으로 체험해 보고 싶었다. 진흙 위를 내가 걸어가고 있었다. 그 글자를 쓴 종이를 접어들고 있었다.

사람들이 보였다. 맨발로 다 같이 공을 밀었다. 희고 큰 공을 밀어 언덕배기에 올려두었다. 공은 다시 데굴데굴 굴러 떨어졌다. 사람들은 다시 힘을 내어 공을 밀어 올렸다. 공은 다시 또 굴러 내려왔다. 사람들은 또 공을 올렸다. 무한 반복이었다.

"이게 색즉시공 공즉시색이라고? 이렇게 쉬운 걸 그리 어렵게 생각한 건가?"

모든 걸 버리면 모든 걸 얻는다.

가족을 버리니 자유로웠다. 시간이 지나고 보니 생각보다 힘들지 않았다. 오히려 가볍고 편안했다. 가족을 버렸다고 가족과 따로 살게 되거나 진짜 헤어지는 것은 아니었다. 내 마음속 집착과 소유욕을 쏙 빼고 선물처럼 매 순간 존중하는 것이었다. 그런데 그렇게 집착을 버리기 위해서는 명상 속에서 정말 생생하게 느껴지도록 버려야 한다. 일대일 명상시간에 순야 마스터는 모든 걸 버리면 모든 걸 얻는다고 이야기해 주었다. 그 말이 새삼 크게 와 닿았다.

episode 20. 현존

순야 마스터의 말을 새기며 명상을 시작했다. '현존'이라는 단어가 보였다. 모든 걸 버리면 모든 걸 얻게 되어 진정 현재에 존재할 수 있게 되는구나.

매음굴이 보였다. 빨간 불빛의 작은 방이 가득한 소위 창녀촌이었다. 방마다 유혹하는 여자들, 그리고 욕구를 채우려는 남자들, 그들을 바라보다 어떤 여자와 남자가 보였다. 여자는 정신이 없고 무감각했다. 남자는 자신의 욕구에만 집중했다. 이 광경을 어떻게 해석해야 할지 몰랐다. 나에게 가장 이해할 수 있는 형태로 보여 달라 요청했다.

빨간 피가 고여 있었다. 보니 빨간 피로 가득한 강이었다. 거기에 흰옷을 입은 사람들이 둥실둥실 떠 있었다. 죽어있었다. 아니, 죽어 보였다. 멀리서 바라보던 내가 나에게 조언을 해주었다.

"가까이 다가가서 그 사람을 위해 기도해 줘."

어떤 사람에게 다가가 기도를 했다. 갑자기 그 사람이 정신이 들었다. 허우적거리며 손을 뻗어 나를 붙잡았다. 내 옷이 온통 피범벅이 되었다.

"살려주세요."

　너무나 간절한 요청에 그 사람을 안았다. 안으며 둘째 아이를 안을 때 느낌이 들었다. 이 사람도 내 아이 같았다. 그 사람을 안고 강 바깥 못가로 데려다주었다. 나는 피를 뒤집어쓴 상태였다. 그렇게 또 어떤 사람을 도와주었다. 반복하며 나는 나에게 물었다.

　나 : 이 사람들은 왜 이렇게 된 거지?

　또 다른 나: 나를 사랑하지 않은 죄야.

　나 : 죄라니, 죄는 없잖아.

　또 다른 나 : 굳이 말하자면 그런 거지.

　나 : 누군가는 도움이 절실히 필요한 상태구나. 그 사람은 누군가에게 피를 묻히며 안겨야 사는구나. 피가 묻는 사람은 희생하는구나.

그 희생은 사랑이었다. 질문이 또 올라왔다.

나 : 나를 진정 사랑하면 희생하지 말아야 하는 것 아냐? 헌신이면 몰라도.

또 다른 나 : 그 사람도 자신을 사랑하지 않기 때문에 거기 있는 거지. 그런데 그렇게 희생하다 보면 자신을 사랑하게 되어 스스로 나갈 수 있게 돼.

그래, 이 세상 모든 존재의 자리에는 이유가 있구나 다시금 생각했다.

episode 20-1. 이제 끝났구나

내가 죽는 날이 다시 보였다. 내가 죽는 걸 상상하며 명상할 때 주로 보이는 장면이 있었다. 아이들과 함께하는 장면, 가족과 즐거운 시간을 보내는 장면, 그리고 사람들과 함께하는 장면들. 그게 내 인생의 소명인가보다 했었다.

그런데 나는 나의 가장 두려운 것을 버렸다. 모든 걸 버리고 내가 가야 할 길을 선택했다. 모든 걸 버리자 나는 감정이 사라졌다. 두려움을 비롯해 기쁨까지도. 이 세상 모든 것이 그냥 바라보아졌다.

그래서 나는 이제 내가 죽는 장면을 상상할 때 무엇이 보일지 궁금했다. 나는 죽어 있었다. 하얗고 반짝이는 빛이 느껴졌다. 무엇이 떠오르나 보았다. 보았다. 다시 보았다.

아무것도 보이지 않았다. 아무리 찾아봐도 없었다. 아이들도 가족도 보이지 않았다. 행복했던 기억조차도 없었다.

'이제 끝났구나.'

나는 내가 해탈했음을 알았다. 내가 그리 원하던 그곳. 나는 이제 이 세상에 바라고 원하며 이루고자 하는 것이 없었다. 아무런 미련도 남지 않았다. 나는 진정으로 벗어났다.

둥글고 빈 공간이 보였다. 거기에 내 모든 기억과 현재 경험하는 모든 것들이 카드로 좌라락 가장자리에 진열되어 있었다. 그 가장자리 카드들을 두고 가운데서 하얗고 둥그런 풍선 같은 것이 뿅 올라왔다. 그것은 에너지체가 되어 부풀어 오르더니 펑 터지며 모든 가장자리 카드에게로 팍 생명을 불어 넣었다.

나는 거기서 마음대로 카드를 고를 수 있었다. '내가 바라는 삶. 그건 뭐지?'

내가 좋아하는 것들.
아이들과 함께하는 순간
햇빛 받으며 쉬는 모습
반신욕 하는 모습
명상하는 모습
모든 것에서 훌훌 벗어난 자유
그리고
명상에서의 깨달음을 나누는 것

이렇게 카드들을 골라 현재를 구성했다. 이제 나는 내가 바라는 삶을 원하는 대로 살 수 있다. 명상하는 모습이 아른아른거렸다. 높은 산 위에서 나는 바람을 느끼며 명상하고 있었다. 거기에 누가 오버랩되어 보였다. 붓다였다. 나는 나이기도 했고 붓다이기도 했다.

갑자기 팔이 무거워졌다. 팔이 딱딱하고 커진 듯했다. 그걸로 무언가를 들어 올렸다. 지구였다. 무거운 지구를 들어 올렸다. 그리고 앞에 누군가에게 패스했다. 순야 마스터였다. 마스터는 지구를 받아 하늘에 띄웠다.

허공에 비눗방울을 방울방울 불어 날렸다. 바람이 느껴졌다. 그렇게 이 세상을 바라보았다. 그 자리에 그렇게, 나는 존재했다.

순야 마스터는 내 명상 이야기를 듣더니, 사람들을 일깨우라는 뜻이라고 이야기해주었다.

내 과거가 떠올랐다. 유흥업소를 전전하며 망나니처럼 살던 시간들. 10년간 클럽과 나이트 죽순이였던 나, 알코올 중독자였던 나, 그런 사람들을 도우라니⋯. 다시 돌아가라면 까마득했다. 하지만 사실 어찌 되었건 상관없었다. 어차피 나는 없으니까.

episode 21. 작은 터치

마지막 일대일 명상시간이었다. 사실 저번에 과정이 끝났는데, 내가 착각해서 한 번 더 하는 줄 알고 있었다. 한 번 더 하고 싶었나 보다. 그런 내 마음을 알았는지, 순야 마스터는 귀한 시간을 내주었다. 여느 때처럼 그의 안내로 명상이 시작되었다.

하얀 눈밭에 여우가 보였다. 여우의 탐스러운 꼬리와 뾰족한 입을 바라보았다. 그런데 여우가 쫓기고 있었다. 보니 사냥꾼이 있었다. 총을 든 사냥꾼이 여우를 쫓아 그 둘은 빙글빙글 돌고 있었다. 바라보다 그 장면이 멀어졌다. 아무것도 보이지 않았다. 잠시 후 '탕' 소리가 났다.

한참을 멍하니 있었다. 여우가 죽었다는 느낌이 들었다. 가만히 생각하니, 사냥꾼의 집에 며칠째 밥을 굶어 우는 어린아이들이 있었다. 누굴 탓해야 할지 몰랐다. 그냥 바라보다 스르르 흘려보내 주었다.

눈이 얇게 쌓인 바닥에 손가락으로 하트를 그렸다. 그 하트를 뚜벅뚜벅 발로 밟고 지나갔다. 어떤 사람들이었다. 이어 자동차가 붕 지나갔다. 하트는 자동차 바퀴 자국이 나며 반이 뭉개졌다. 그 뒤에 커다란 바퀴가 철컹철컹 지나갔다. 보니 탱크였다. 하트는 흔적도 없이 되었다. 앞에 가는 사람들은 군인들이었다.

잠시 후 저 멀리서 총소리가 났다. 비명소리가 들렸다. 사람들이 죽고 있었다. 가만히 바라보니 죽이는 사람은 눈물을 흘리고 있었다.

개입할 것이 없다는 생각이 들었다. 모든 걸 놓아주었다. 그 장면을 내 손에서 스르르 흘려보냈다. 그렇게 모든 세상을 바라보았다. 돌고 도는 수레바퀴가 보였다. 모든 자리엔 이유가 있었다. 내가 달리 할 것 없이 세상은 완벽했다.

그래서 그냥 뒷짐 지고 천천히 걸어 다녔다. 그러다 문득 뭔가를 주고 싶다고 생각이 들었다. 작은 터치였다. 내가 보았던 장면들에 조그만 물고기를 한 마리씩 풀어주었다. 몸은 하얗고 얼굴 쪽에 색이 물든 작고 반짝이는 물고기였다. 그 물고기는 장면에 들어가 빙글빙글 돌았다. 차크라였다.

장면에 하나하나 물고기를 풀어주었다. 그 물고기를 어디서 잡았나 보았다. 커다란 강이었다. 거기에 그 물고기가 많이 있었다. 그런데 물고기를 잡는 방법이 특이했다. 그냥 잡아서는 되지 않았다. 강해도 안 되고 약해도 안 되었다. 물에 손을 넣고 가만히 믿음을 내어야 했다. 그러면 물고기가 스르르 스스로 손안에 들어왔다. 그렇게 믿음으로 잡은 물고기는 나의 믿음이 되어 차크라를 돌렸다.

episode 21-1. 마스터가 사라졌다

순야 마스터 속에 들어가 보고 싶다는 생각이 들었다. 마스터의 몸속으로 쏙 들어갔다. 기다란 터널이 있었다. 길고 긴 터널을 계속해서 달렸다. 터널의 색이 계속 바뀌고 차원이 슉슉 달라졌다. 그러다 내 옆에 어떤 키 크고 건장한 사람이 있었다. 그 사람에게 누구냐 물으니, 여기 사는 사람이라고 했다. 내가 달리는데 그 사람이 앞서 달렸다.

그러다 줄을 잡고 높이높이 올라갔다. 그 사람이 먼저 잡고 나는 그 사람을 붙잡았다. 빙글빙글 돌며 끝까지 올라가니 우주선 바깥이었다. 우주선 바깥에 나와 올라 앞을 보았다. 순야 마스터가 앉아있었다. 붓다의 자세로 붓다처럼 명상을 하고 있었다.

순야 마스터에게 다가가 나의 손을 내밀어 터치했다. 그러자 마스터가 사라졌다. 순간 공간의 모든 것이 사라졌다. 나는 아무것도 없는 허공에서 허우적거렸다. 어떻게 나가야 할지 몰랐다. 계속 허우적거리다 순간 생각이 났다. 없음은 있음이야. 그 생각이 들고 나는 다시 바깥이었다.

이번에는 내 몸속으로 들어가 보고 싶었다. 내 몸속으로 풍당 뛰어

들어갔다. 깊은 물속으로 헤엄쳐갔다. 처음에는 칠흑같이 어두운 바닷속이더니 점점 환해졌다. 그렇게 헤엄쳐 바깥으로 머리를 내밀었다. 물에서 나와 무지개색 계단이 보였다. 계단을 딛고 올라가는데 층계마다 내 경험이 서려 있었다. 계단을 올라올라 보니 저 위 꼭대기에 두 개의 동상이 있었다. 그리스도와 붓다였다. 나는 가까이 다가가 그리스도와 붓다 동상에 손을 댔다. 그러자 그리스도와 붓다는 사라지고, 그 공간도 사라졌다. 정신을 차리고 보니, 나는 다시 바깥이었다.

episode 21-2. 나는 자유롭다

바닥에 지폐를 깔았다. 착착착 많이 넓게 타원을 그리듯이 깔아놓았다. 그러자 사람들이 그 돈에 몰려들었다. 너도 나도 줍는데, 내가 발을 쿵 하고 굴렀다. 내 움직임이 진동이 되어 사람들의 몸을 관통했다. 사람들이 돈을 붙잡느라 옷과 몸이 껍데기처럼 매달렸다. 거기서 포도알이 나오듯 쏙 하고 사람들이 깨끗한 에너지가 되어 튕겨 나왔다. 나는 깃발을 들고 걸었다. 깨끗한 에너지가 된 사람들이 나를 따라 걸었다. 깃발에는 '나는 자유롭다'라고 쓰여 있었다.

어려운 자산 시장 상황으로 힘들어하는 사람들이 보였다. 몇 개의 큰 이슈들이 눈에 띄었다. 나는 거기에 작은 믿음의 물고기를 풀었다. 그러자 그 이슈들이 큰 번데기가 되었다. 시간이 지나 번데기에서 나비가 나왔다. 날개를 펼 때, 마치 커다란 천을 풍선처럼 둥글게 펴는 듯했다. 그 나비들이 사람들 사이를 반짝반짝 날았다. 그러다 나를 비롯해 믿고 버티던 사람들에게 몰려들었다. 내 주변을 돌던 나비들이 나에게 금색 열쇠를 주었다.

열쇠를 가지고 가서 문을 열었다. 문 안에 큰 창고가 있었고, 달러 지폐 다발이 가득 들어있었다. 그 돈을 일부 꺼내 사람들에게 나누어 주었다. 그리고 일부는 내 책에 다발로 끼웠다. 책이 돈다발을 달고 사람들을 향해 날아갔다. 사람들이 내 책을 더 소중히 받아 신중히 읽는 것이 보였다.

사람들은 내 책을 통해 받은 돈으로 기쁨에 소비했다. 많은 사람들이 서로 기뻐지고 에너지가 순환되었다. 문득 창고에 돈이 워낙 많으니 책이 상대적으로 작게 느껴지는 듯했다. 그래서 중심을 다시 잡았다. 책에 좀 더 집중하여 창고 위에 책을 올렸다. 모든 균형이 맞아졌다.

내 안의 내가 자꾸 나에게 원하는 걸 말하라고 했다. 한데 나는 아무런 원하는 것이 없었다. 자꾸 왜 재촉하냐 물었다. 그러자 "왜 냐면 네가 바라면 이뤄지니까."라고 말했다. 하나만 말하라고 다시 말했다. 그래서 나는 내가 하는 일에 걸맞게 나를 세워달라고 이야 기했다.

많은 것들이 보였다. 나는 모든 걸 바라보다 그저, 미소 지었다. 마지막 나의 미소가 크게 클로즈업되어 보였다.

순야 마스터에게 명상 경험을 나누었다. 그는 크게 기뻐했다. 결국 스승도 없다고 그는 말했다. 텅 빈 그가 느껴졌다. 이걸 알려주기 위해 명상을 안내했다고 그는 말했다. 어느 누가 이 단계까지 알려줄 수 있을까. 자신의 깨달음만큼 상대를 안내할 수 있을 것이었다. 나는 직감적으로 알 수 있었다. '순야'라는 이름처럼 그는 없고, 오로지 진정한 사랑만 있음을. 말 못 할 벅찬 감정이 들었다.

미소는 마지막 남은 인간다움이구나

내가 뭔가 변한 걸 느낀 걸까. 결국, 남편이 터지고 말았다. 그동안 밖에 혼자 자주 나가 맥주와 치킨을 먹는 게 이상하긴 했다. 직감적으로 불안했나 보다. 밖에 나가느라 준비하는데, 자꾸 매달리는 둘째에게 지친 나는 남편에게 좀 도와달라고 이야기했다. 당시 남편은 혼자 안방에서 핸드폰 보며 침대에 누워있었다. 남편은 다짜고짜 대답했다.

"너 지금 나 괄시하냐?"

답답해서 본의 아니게 쏘아붙였나 나 스스로를 돌아보았다. 통명스럽기는 했지만, 그렇게 화낼 정도는 아니었다. 분명 쌓인 게 있는 듯했다. 괄시한 적 없다는 대답에 남편의 언성이 높아졌다. 들어보니 나에게 이것도 불만이고, 저것도 불만이었다. 그렇게 이야기하다 결국 싸움이 시작되었다.

남편은 나에게 모진 말을 쏟아냈다. 욕설에 인격 모독까지 선을 넘기 시작했다. 내가 하는 일들도 모두 비난했다. 듣다듣다 안 되겠기에 맞받아치다 결국 나는 눈을 감았다. 그냥 명상하는 마음으로 그의 말을 경청하기 시작했다.

고요함 속 남편이 힘들 것 같다고 느껴졌다. 와이프는 나날이 성장하는데, 본인은 제자리니 얼마나 답답할까. 하지만 그 또한 자신만의 진리의 여정을 가고 있는 것이기에 존중했다. 남편에게 지금은 힘들겠지만, 이 과정을 거쳐야 서로 성장하는 것이며, 이렇게 변화를 알아차리는 것만으로 대단하고 감사하다고 말했다. 결국, 남편은 화가 누그러지고 몇 시간 후 나에게 진심으로 사과했다.

그런데 그 악다구니를 온몸으로 받아내서일까. 밤에 잠이 오지 않았다. 다음 날 새벽 명상 진행하려면 새벽 4시 전에 일어나야 했다.

보통 저녁을 가볍게 먹는데 햄버거에 감자튀김 그리고 다이어트 콜라까지 풀세트로 먹고 밤새 유튜브를 보았다. 나는 새벽에 일어나지 못하고 명상 지도를 펑크 내고 말았다.

이때다 싶었는지 모임에서 탈퇴하는 회원이 한 명 있었다. 힘들 때 주변 어떤 사람들이 있는지 보이는 법이라고 평소 같으면 생각했을 것이다. 하지만 내가 성장해서인지, 스승이 되어주어 고맙다며, 진심으로 감사하고 앞날을 응원해주었다.

멋지게 해낸 듯했는데 기분이 우울했다. 명상에서 경험하는 것과 괴리가 느껴졌다. 나는 명상에서 진정 자유롭고 모든 걸 가졌다. 근데 인간 세상은 녹록치 않구나. 답을 얻은 것 같았는데, 왜 나는 또 모든 걸 반복하는 것 같지? 가슴에 미칠 것 같은 고통이 느껴졌다. 후벼 파는 것 같았다. 뭘 해야 할지도 모르겠고, 고통스러운 마음에 컴퓨터를 켜서 마구 떠오르는 대로 글을 쓰기 시작했다.

왜 살아야 하는지 모르겠어.
왜 그런 생각을 했니?

죽어도 같잖아.

그럼 살아

죽어도 같은데 여기에 너무 얽매이는 게 많아. 그러니까 그냥 안 얽매이고 싶어.

그 얽매이는 것에서 기쁨이 발생하지 않니?

기쁨도 잠시뿐. 나는 자유롭고 싶어.

그렇구나. 너는 기쁨보다도 자유를 원하는구나?

응, 그래. 나는 자유롭고 싶어. 나는 기쁨도 부질없어.

그럼 죽을까? 죽은 듯이 살면 어때. 일부러 에너지를 들여서 죽을 필요까지는 없잖아.

그럼 모든 얽매이는 것에서 벗어나야 해.

뭐가 너를 얽매니? 그래 이 모든 얽매는 것을 벗으려면 죽는 게 맞지. 그런데 네가 진정 죽으면 이런 얽매는 것에서도 얽매이지 않아. 네 육체가 죽어도 너는 진정 죽는 것이 아니야. 진짜 죽으려면 네 영혼까지도 죽어야 해. 그러려면 지금 상태로는 안 돼. 도피일 뿐이야.

네 영혼까지도 죽은 적이 있었잖아. 생각해 봐. 너는 무를 경험했고, 결국엔 깨달음의 자리에 나조차도 없었어. 그 상태로 갈 뿐이야.

오늘 죽어. 그런데 네 몸만 죽는 게 아니라 네 영혼까지 죽어. 그리고 그냥 무의 상태가 되면 너는 어디에 있던 진정 죽은 자가 되는 거야. 살아도 죽었고 죽어도 죽은 것이야. 너는 없어. 그럼 아무것도 너를 고통스럽게 할 수 없어. 현생에서 얽히는 게 괴롭다고 죽으면 너는 반쪽짜리밖에 안 돼. 어디에서 존재해도 너는 죽어 있어야 걸림이 없어.

이제부터 나는 없다
나는 없다
내가 지금 해야 할 것은 무엇일까? 나가 없는데 내가 지금 떠오르는 건 뭔가?

뭘 해야 할 것도 없다

아무런 바라는 것도 없고,

아무런 힘든 것도 없고,

아무런 고통도 없고,

아무런 눈물 날 일도 없고,

그냥 주변 상황에 맞춰서 나를 빌려주면서 살아가는 것,

죽은 것이나 산 것이나 나는 같다

나는 없다 영혼도 없다

어디서도 나는 걸리지 않으며

걸릴 것조차 없다

아무런 감정도 없고

웃음도 나지 않는다.

아무것도 없다.

미소를 지어보았다.

미소는 마지막 남은 인간다움이구나

작은 터치.

나는 이렇게 미친 듯이 적고 진정 죽기로 결심했다.

그리고, 죽었다.

나중에 순야 마스터에게 이렇게 쓴 걸 보냈다. 마스터는 깨달음의
끝은 마침표가 아닌 현재 진행형이라며 또 한 단계 깊어졌다고 알려
주었다. 나에겐 기쁨조차 없었다. 대신 남편을 꼭 안아주며 말했다.

"고마워. 내가 여기까지 오도록 도와줘서."

왜 아직 사람들이 보이는가

텅 비었음을 느꼈다. 그런데 질문이 올라왔다. 자문자답하였다.

나는 텅 비었는데 내 눈 앞에 있는 사람들은 누구인가.
사람들은 내 생각이 만들어 낸 환상이 아닌가.
그런데 내가 텅 비었다면 왜 아직 저 사람들이 보이는가.

내 육체가 아직 남아 있기에 보이는 것들인가?
내 육체는 대화의 수단으로 이 세상에 남아 있는데
그 대화를 하는 자는 누군가

나는 텅 비었는데 내 육체가 만나는 사람이 누구와 대화한다는
것인가.

텅 빔도 대화를 할 수 있나?

대화는 결국 무로 가는 것 아닌가?

없음은 있음이 될 수 있고

무엇이던지 되어서 대화를 그럼 받아친다고 하자.

그럼 그 말을 거는 사람들은 어디서 나타나는 잔상인가.

명상 속에서 답을 찾아보자.

episode 22. 모른다

명상 속에서 나는 텅 비어서 아무런 질문도 떠오르지 않고 답도 없었다. 그래서 애써 질문을 떠올려 물어보았다. 그런데 답이 떠오르지 않았다.

그래서 나를 있음으로 다시 만들어서 나에게 물어보았다.

나 : 모든 게 내가 만들어낸 환상이라면 왜 사람들이 계속 보이

는 거지?

있음 : 그 사람들도 똑같아. 너처럼 껍데기일 뿐이야.

나 : 그래, 그럼 나처럼 텅 빈 그냥 육체일 뿐이라는 거지. 그럼 내가 가르치는 아직 과정에 있는 자들은 뭐지? 난 뭘 하고 있는 거지?

있음 : 그건 너의 마지막 남은 미소야.

나 : 나의 마지막 남은 미소라. 그러면 내가 이 세상을 살아가는 마지막 인간다움이라 이거지. 내가 아직 어차피 인간 세상의 육체가 살아있으니 마지막 인간다움을 유지하고자 그런 과정에 있는 사람들을 만들어내고 가르치고 있다는 건가?

있음 : 이를테면 그런 거지.

나 : 굳이 왜 이렇게 동력을 만들면서까지 이 세상에 육체가 유지되어야 하는 거지?

있음 : 그건 나보다 높은 자에게 물어봐.

나 : 네가 신인데 무슨 소리야. 더 높은 자가 어디에 있어. 없음에 물어보라는 얘기야?

있음 : 그래.

나는 다시 텅 빈 상태로 돌아가서 그 질문을 던져보았다.

나: 왜 굳이 이렇게까지 세상에 육체가 유지되고 동력을 만들며 살아나가는 거지?

내 질문은 보기 좋게 사라졌고 답도 들리지 않았다. 그때 생각나는 것이 있었다.

'모른다.'

굳이 겪지 않아도 될 법한 고통들

자고 일어났다. 시간을 보니 새벽 3시였다. 갑자기 눈물이 주르륵 흘렀다. 내가 왜 우는지 알 수 없었다. 뭔지 모를 커다란 아픔이 몸으로 느껴졌다. 나는 가만히 명상 속으로 들어갔다.

세상의 고통이 보였다. 영혼들은 허상을 진짜로 알고 고통에 몸부림치고 있었다. 그 아픔을 고스란히 느끼며 다시 눈을 떴다. 전체를 직접 느끼게 체험한 것은 처음이었다. 나는 알았다. 인류가 이 세상의 고통을 재조명하고 정화할 것임을. 그리고 내 몸은 그 도구임을.

순야 마스터에게 내가 겪은 일을 나누었다. 그는 진정 기뻐하며 축하한다고 이야기했다. 대화하다 순간 알아차림이 있었다. 내가 이전 의문을 가졌던 '굳이 겪지 않아도 될 법한 고통스러운 기억들'이 다시 떠오른 것이다. 그런데 그 느낌이 조금 달랐다. 겪지 않아야 될 고통은 없었다. 그것들은 찬란한 보석이었다. 내가 세상 끝의 마개를 뽑았을 때, 가족을 놓았을 때, 그리고 완전히 죽기로 결심했을 때. 다름 아닌 그 보석들이 나에게 강한 에너지원이었다는 걸 알아차렸다.

나는 내 모든 과거에 이유가 있다고 알지만, 굳이 몇 가지는 겪지 않아도 되었다며 의문을 가졌었다. 하지만 그것들이 가슴에 콕콕 박혀 나에게 중요한 시점마다 큰 통증을 주었던 것이다. 그 고통에 몸부림치다 나는 여기까지 도착한 것이었다. '그래서 내가 그렇게 가슴이 아팠구나. 그 고통스러운 기억들이 나를 여기까지 끌고 왔다니….' 말문을 잇지 못했다. 이 깨달음을 품고 명상을 시작했다.

episode 23. 동력

명상 속에서 내가 보는 모든 것이 사라졌다. 텅 빈 공간에서 나도 공기 중으로 퍼지며 사라지는 찰나 누가 나를 휙 잡아끌었다. 뒤를 돌아보니 순야 마스터였다. 나에게 펜듈럼을 쥐어 주었다. 펜듈럼을 들자 그것이 빙글빙글 돌았다. 회전하는 움직임대로 작은 물고기가 모여들었다. 예전 명상에서 본 믿음의 물고기들이었다. 작고 황금빛이 났다. 그 물고기들을 세상 곳곳에 풀어주었다. 물고기는 믿음이 되어 스며들었다. 그리고 마지막 남은 물고기 하나를 나에게 풀어주었다. 나는 세상에 이바지하며 내 몸이 원하는 걸 누리겠구나. 이 동력으로 살아가겠구나 생각이 들었다.

이 세상 모든 것이 아름답다

2022년 12월. 일대일 명상을 모두 마치고 얼마 지난 어느 날의 일기

이 세상 모든 것이 아름답구나.

사소하고 보잘것없는 거 하나하나 높고 낮은 것 상관없이, 얼마나 선하고 악하든 상관없이, 모든 것은 있어야 할 곳에 있고 그 자체로 완벽하다.

삶은 축복이구나. 잘났건 못났건 이 모두 얼마나 아름답고 완벽한 존재인가.

모든 것은 없음에서 비롯되고 있음 또한 없음이어서, 그 비롯됨이 어디인지를 알되, 과정 또한 앎이라. 구분 없이 수용하고 존중할 때 온전히 존재한다.

가슴 깊이 사랑이 느껴지고 감동의 물결이 물밀 듯 들어온다.

시간이 정지된 듯이 느껴지고 모든 움직임이 슬로우 모션으로 보인다.

나는 여기에 오기까지 얼마나 많은 억겁의 시간을 거쳤나. 단 하나 이번 생에 꼭 열반하겠다고. 하지만 이제는 그 열반조차 허상이라는 것을. 삶이 너무 고통스럽고 힘들어서 그 바람 하나로 버티던 날들. 되돌아보니 가장 큰 고통이 나를 여기까지 오게 했다. 가장 빛나는 보석이 되어서.

감사합니다. 사랑합니다.
그리고